Collection
Rolf Heyne

MOËT & CHANDON
CHAMPAGNE
Laurent-Perrier
DEMI-SEC
CHARBAUT
1985
Certificate
CHAMPAGNE
BLANC DE BLANCS
BOLLINGER
R.D. 1976
KRUG
CHAMPAGNE VINTAGE 1982
REIMS
CHAMPAGNE
BOLLINGER
SPECIAL CUVÉE
BRUT
BEAUMET
ROSÉ
1981
Veuve Clicquot-Ponsardin
REIMS
FRANCE
CORDON ROUGE
1985
CHAMPAGNE
BRUT MILLÉSIMÉ
CHAMPAGNE
BEAUMET
BLANC DE BLANCS
EPERNAY
Laurent-Perrier
CUVÉE ULTRA BRUT
L'ERMITAGE
BRUT 1989
ESTATE BOTTLED - ANDERSON VALLEY
SPARKLING WINE
COTEAUX CHAMPENOIS
Laurent-Perrier
BLANC DE BLANCS
de
Chardonnay
DRAPPIER
CARTE D'OR
MOËT & CHANDON
CHAMPAGNE
Grande Tradition
KRUG
Champagne
DE MERIC
CHAMPAGNE
TAITTINGER
Reims
RÉSERVE
BILLECART-SALMON
N.F. Billecart
BRUT 1986
Jacques Selosse
BLANC DE BLANCS 100%
VIGNOBLES
AVIZE-CRAMANT
Nicolas Feuillatte
Champagne
Cuvée Dom Pérignon
de Cazanove
CHAMPAGNE
BRUT VINTAGE
à Epernay
CHAMPAGNE
TAITTINGER
Cuvée Prestige
Rosé
REIMS
BRUT ROSÉ
CHAMPAGNE
Lanson
BLACK LABEL
BRUT
REIMS FRANCE
CHAMPAGNE
DANIEL DUMONT
Propriétaire-Récoltant
LOUIS ROEDERER
CHAMPAGNE
BRUT PREMIER
CRISTAL
1986
BRUT
REIMS
CHAMPAGNE
ROLAND FLINIAUX
AY-CHAMPAGNE
CHAMPAGNE
G.H. MUMM
CORDON VERT
DEMI-SEC
GRANDE ANNÉE
1985
BOLLINGER
BOLLINGER
BOLLINGER
EXTRA
Lang-Biémont
Cuvée Reservée
CHAMPAGNE
JACQUART
CHAMPAGNE
TAITTINGER
MILLÉSIME
Grand Rosé
1988
GOSSET
Philipponnat
Champagne
BILLECART-SALMON
N.F. Billecart
BRUT 1986
A. CHARBAUT & FILS
CHAMPAGNE

MICHAEL EDWARDS

Champagner

Der Guide für Kenner und Genießer

WILHELM HEYNE VERLAG
MÜNCHEN

WIDMUNG

Für Barbara

DANKSAGUNG DES AUTORS

Dieses Buch hätte ich ohne die großzügige Hilfe zahlreicher Händler und Winzer aus der Champagne nicht schreiben können, die – oftmals ohne Umschweife – ihre kostbarsten Flaschen für mich öffneten. Besonders danken möchte ich aber meinen Freunden aus der Branche und aus der Presse. Sie waren stets zur Stelle, wenn ich ihre Hilfe dringend benötigte: Françoise Peretti und Pierre Levron vom Champagne Information Bureau; Philippe Le Tixerant vom CIVC; Merlin Holland von *The Oldie*; Dr. Teresa Challoner (eine umsichtige, kenntnisreiche Akteurin an der Champagnerbörse); und vor allem Yves Sauboua vom Restaurant Les Saveurs in London; Roger Seal von der British Academy of Gastronomers; und meinen Lektorinnen Laura Sandelson und Helen Varley, die viel Geduld aufgebracht haben.

ABBILDUNGSNACHWEIS

Abkürzungen: S = Seite; *o* = oben; *l* = links; *r* = rechts; *u* = unten
Bollinger: S. 73; Champagne Bureau: S. 22, 23, 55 *l*, 57 *l*, 213 *u*; Jan Jonker: S. 33 *o*; Janet Price: S. 5, 10, 11, 12, 13 *r*, 22 *u*, 28, 29, 30, 31, 32 *o*, 33 *u*, 34, 35, 47, 61 *l*, 66, 71, 82, 87, 94 *u*, 96, 102, 132 *o*, 133, 138, 160 *u*, 164 *r*, 170 *r*, 174, 177 *u*, 181 *l*, 185 *o*, 190, 194 *r*, 200, 204, 205 *l*, 206, 216 *l*; Mansell Collection: S. 8, 14, 74; Moët & Chandon: S. 16, 17, 18, 149; Remy & Assoc.: S. 15; Tor Eigeland: S. 26, 27, 32 *u*, 218 *l*.
Die Flaschen und Etiketten wurden von den einzelnen Champagnerhäusern zur Verfügung gestellt und von Paul Forrester fotografiert.

Titel der englischen Originalausgabe:
THE CHAMPAGNE COMPANION
The Authoritative Connoisseur's Guide

Ins Deutsche übertragen von Gabriele Gockel und Bernhard Jendricke
(Kollektiv Druck-Reif)
Die Originalausgabe erschien 1994 im Verlag
Quintet Publishing, London

Umschlaggestaltung: Christian Diener, München
Satz: Kort Satz GmbH, München
Printed in China by Leefung-Asco Printers

ISBN 3-453-08704-6

Inhalt

ALLES WISSENSWERTE ÜBER DEN *Champagner*

Eine kurze Geschichte des Champagners

NIEMAND KANN MIT GEWISSHEIT SAGEN, wann in der Champagne erstmals Wein angebaut wurde. Kein Zweifel besteht hingegen an der Tatsache, daß fünfzig Jahre nach Christi Geburt in dieser nordöstlichen Provinz Frankreichs, dem damaligen römischen Gallien, Trauben *zur Weinherstellung* gezüchtet wurden. Doch just zu der Zeit, da hier die Weinberge reichlich Früchte zu tragen begannen, befahl der auf Protektionismus bedachte römische Kaiser Domitian durch einen Erlaß, die Rebstöcke herauszureißen. Im Jahre 282 n. Chr. hob Kaiser Probus, der Sohn eines Gärtners, das Verbot des Weinanbaus wieder auf, und die genußfreudigen Römer entwickelten bald eine Schwäche für die Weine der Champagne. Im Vergleich zu den italienischen Weinen jener Zeit, die Verdauungsstörungen hervorriefen, muß das neue Getränk aus Gallien wie der Nektar der Götter geschmeckt haben. Wie der Weinbauexperte Patrick Forbes schreibt, wurden jene nämlich häufig mit verschiedenen Substanzen – von Meerwasser und Harz bis hin zu Myrtenbeeren und Mohnsamen – gewürzt.

In der Zeit zwischen dem Niedergang des Römischen Reiches im fünften und dem Beginn der Renaissance im 15. Jahrhundert wurden die Weine der Champagne bei den Reichen und Mächtigen immer beliebter. Einer der Gründe für diesen Erfolg war die geographische Lage dieser Provinz. An einem Kreuzungspunkt Nordeuropas gelegen, hat das Tal der Marne im Zentrum der Champagne seinen Bewohnern schon immer leichten Zugang zu wichtigen Weinmärkten ermöglicht. »Doch so große Vorteile jene Route entlang der Marne auch haben mochte, unweigerlich war damit«, wie der Weinautor Nicholas Faith schreibt, »auch verbunden, daß das Tal jedweden Invasoren aus dem Osten als natürlicher Zugangsweg diente und somit häufig Schauplatz großer Schlachten gegen die Eindringlinge war.«

Der kampfeslüsterne Hunnenkönig Attila erhielt seine wohlverdiente Strafe in einer der blutigsten Schlachten, die jemals auf dem Boden der Champagne ausgetragen wurden. Denn als er im Jahre 455 bei Châlons-sur-Marne endlich in die Flucht geschlagen wurde, hatten bereits 200 000 Soldaten aus aller Herren Länder ihr Leben gelassen. In den folgenden tausend Jahren erlebte die Champagne einen ständigen Wechsel zwischen Zeiten der Prosperität und Zeiten schrecklicher Not. Die Stadt Reims wurde zwischen 450 und 1000 n. Chr. siebenmal niedergebrannt, geplündert oder dem Erdboden gleichgemacht, der Weinort Epernay zwischen dem siebten und dem 16. Jahrhundert nicht weniger

Die Windmühle von Verzenay auf den Weinbergen der Montagne de Reims

Attila, der Hunnenkönig

Ludwig XIV.

als fünfundzwanzigmal verwüstet. Doch es gab auch glückliche Friedenszeiten für die Champagne.

Im Jahre 987 wurde Hugo Capet in Reims zum französischen König gekrönt, und er machte die Stadt an Stelle von Paris zur geistlichen Hauptstadt des mittelalterlichen Frankreichs. Nach ihm feierten noch siebenunddreißig Könige ihre Krönung in Reims, als letzter Karl X., dem 1825 in der Kathedrale feierlich die Krone aufgesetzt wurde. Der Status von Reims als heilige Stadt erwies sich als Segen für den Weinanbau. Denn die Klöster an der Marne erhielten von den Königen großzügige Schenkungen und entwickelten sich bis zur Französischen Revolution von 1789 zu hervorragenden Weinproduzenten. Im frühen Mittelalter sahen die religiösen Ordensgemeinschaften nichts Verderbliches darin, hin und wieder ein Gläschen Wein zu genießen. Einer Ordensregel der Nonnen eines Klosters in Reims aus dem achten Jahrhundert zufolge galt Wein sogar als Anreiz für gutes Betragen: »Wenn eine der Schwestern eine andere beleidigt oder Böses schwört«, heißt es dort, »soll sie an diesem Tag keinen Wein trinken.«

Bis zur Mitte des 17. Jahrhunderts war die Vorstellung von moussierendem *vin de Champagne* unbekannt. Schon 800 n. Chr. unterschieden Weintrinker allerdings zwischen den *vins de la rivière*, die aus den Weingärten oberhalb der Marne stammten, und den *vins de la Montagne* von den höher gelegenen Hängen der Montagne de Reims. Beides waren stille Weine. Die Weine von den besten Standorten – zum Beispiel aus Verzenay, einem Ort in der Montagne, oder aus Ay nahe der Marne – waren im Mittelalter bereits genauso hochgeschätzt wie heute. Anfang des 15. Jahrhunderts hatte der Wein die Wolle als Haupthandelsgut von Reims verdrängt. Etwa um diese Zeit tauchten auch die ersten Weinmakler, die *courtiers en vins*, auf und beherrschten zunehmend den Markt.

Das Gebiet der Champagne wurde während der Fronde, dem schrecklichen Bürgerkrieg der vierziger und fünfziger Jahre des 16. Jahrhunderts, erneut verwüstet. Als jedoch der sechzehnjährige Ludwig XIV. 1654 den französischen Thron bestieg, begann für den Weinanbau eine neue Periode großer Expansion. Die Bewohner der Champagne, nicht dumm und schon damals mit einem ausgeprägten Sinn für Werbung ausgestattet, überreichten dem jungen König bei seiner Krönung Weine als Geschenk. Diese schmeckten ihm so gut, daß er sie während seiner gesamten sechzigjährigen Regierungszeit unter seinen besonderen Schutz stellte und bekanntermaßen bis zu seinen letzten Lebensjahren niemals etwas anderes trank. Laut Saint-Siméons *Memoires* war, wie Patrick Forbes schreibt, der Lieblingswein des Sonnenkönigs der Rotwein von Bouzy, den ihm ein Händler aus Ay namens Rémy Berthauld lieferte.

Die Ironie der Geschichte wollte es, daß ausgerechnet ein im Exil lebender französischer Adliger die Weine der Champagne über die Grenzen Frankreichs hinaus bekannt machte: 1662 wurde der Marquis von St. Evremond nach England verbannt, wo er sich mit König Karl II. anfreundete und die französische Hofmode einführte. Als Mann von auserlesenem Geschmack trug er zur Verfeinerung der englischen Trink- und Eßgewohnheiten bei und sorgte für die Verbreitung der Weine aus der Champagne. Doch er war mehr als nur ein Botschafter der Marne-Weine. Denn die Versorgung mit dem edlen Getränk war schwierig, weil es keine regelmäßigen direkten Handelsbeziehungen zwischen den Winzern der Champagne und den Londoner Weinhändlern gab. In dieser Situation erwies sich St. Evremond als der geeignete Mittelsmann. In einem Brief an seinen Freund, den Comte d'Olonne, schrieb er im Jahre 1671 nach Art eines Kaufmanns, der sich aufdringlicher Geschäftsmethoden bedient: »Scheuen Sie keine Ausgaben, wenn es um Weine aus der Champagne geht … Bei Leuten mit Geschmack haben die Burgunder Weine längst an Ansehen verloren; bei den Händlern genießen sie kaum noch ihren einstigen Ruhm. Kein anderes Gebiet als die Champagne vermag so hervorragende Weine für alle Gelegenheiten hervorzubringen.«

Dom Pérignon – Mythos und Wirklichkeit

Pierre Pérignon, Benediktinermönch und von 1668 bis 1715 oberster Kellermeister der Abtei von Hautvillers, gilt als Erfinder dessen, was wir heute als Champagner bezeichnen. Daß ein asketischer Mönch ein so zauberhaftes Getränk, mit dem man Verführungsszenen und gehobenen Lebensstil assoziiert, kreieren konnte, ist eine amüsante Geschichte, die nicht der Ironie entbehrt und die vom Champagner-Hersteller Moët & Chandon, seit 1822 Besitzer der Abtei von Hautvillers, mit entsprechender Sorgfalt kultiviert wird. In Wirklichkeit ist dies jedoch ein romantischer Mythos, denn die Weine der Champagne hatten schon immer eine natürliche Tendenz zu perlen.

Damals wie heute zwang das kalte Klima der Champagne dazu, die Trauben spät im Jahr zu pflücken; so war schlicht und einfach die Zeit zu kurz, als daß die Hefe auf der Traubenschale den Zucker im ausgepreßten Traubensaft hätte in Alkohol verwandeln können, bevor der Winter kam und den Gärungsprozeß unterbrach. Zu Beginn des Frühjahrs aber erwachte die Hefe wieder aus ihrem Schlaf, der Gärungsprozeß begann erneut und führte zur Entstehung von kohlenstoffhaltigen Gasen (Kohlendioxyd). Diese aber konnten, in dem mit Stopfen versehenen Faß eingeschlossen, nicht entweichen – daher das Perlen des Weins.

Vermutlich ebenfalls eine Mönchsgemeinschaft, die Benediktiner von St. Hilaire bei Limoux im Languedoc, stellte 1531 erstmals einen französischen moussierenden Wein mit Hilfe der sogenannten *méthode rurale* her. Dieser köstliche Schampus wird auch heute noch unter dem Etikett *Blanquette de Limoux* produziert. Auch wenn die Bewohner der Champagne verständlicherweise gerne glauben machen wollen, daß das bewußt herbeigeführte Moussieren ihrer Weine zu den wenigen echten Revolutionen in der Geschichte der Weinherstellung gehöre, war diese sogenannte Revolution in Wirklichkeit eine allmähliche Entwicklung, die sich über fast zwei Jahrhunderte hinzog. So heißt es denn auch bei Nicholas Faith: »Dom Pérignon war einfach nur einer der bedeutendsten ›Entwicklungshelfer‹ für die Weine der Champagne.«

Das mindert freilich nicht den historischen Stellenwert, der dem Dom als Vater der modernen Champagnerherstellung zukommt. Denn der hochintelligente und einfallsreiche Weinhersteller »drang«, wie es bei Patrick Forbes heißt, »mit jener Intuition zu den kleinsten Details seiner Kunst vor, die allen wirklich großen Männern eigen ist, und legte die grundlegenden Prinzipien fest, die bis heute Gültigkeit haben«. Doch für Pierre Pérignon war der Wein als solcher immer wichtiger als das Perlen. Das Moussieren des Weins war für ihn wahrscheinlich eher ein Ärgernis, dem er Herr zu werden versuchte, als etwas, das er

Die Dom-Pérignon-Kapelle in der Abtei von Hautvillers

bewußt fördern wollte. Und die Erfindung einer Flasche, deren Glas dem Druck des sprudelnden Getränks standhalten konnte, war nicht ihm, sondern englischen Glasmachern Anfang des 17. Jahrhunderts zu verdanken. Pérignons tatsächliche und für die damalige Zeit wirklich aufsehenerregende Leistung bestand darin, daß er aus dunklen Trauben einen klaren, stillen Weißwein herstellen konnte. Und er war sicherlich der erste, der begriff, daß im kalten Klima der Champagne ein Verschnitt aus Weinen verschiedener Lagen ein viel erleseneres Getränk ergab als ein Einzellagenwein. Erst nach sorgfältigen Studien, und vielleicht auch ein wenig widerstrebend, stellte Dom Pérignon um 1690 seinen ersten moussierenden Champagner her.

Der Siegeszug der Perlen

Obwohl ein Dichter aus Reims schon 1712 glühende Verse auf die silbrige *mousse* in einem Glas Champagner schrieb, errangen die Perlen ihren endgültigen Sieg erst mindestens hundert Jahre später, nach der Niederlage Napoleons von 1815. Während des 18. Jahrhunderts waren die Konsumenten des Champagne-Weins in zwei Lager gespalten. Die echten Kenner bevorzugten die stillen Weine, während die an der Mode orientierten, frivoleren Weintrinker von den *vins mousseux* (moussierenden Weinen) angezogen wurden wie Motten vom Licht. Die Leute aus der Champagne selbst scheinen den neuen Schaumwein gehaßt zu haben: 1713 bezeichnete ihn der Kaufmann Bertin du Rocheret als widerwärtiges Gesöff und fügte hinzu, daß das »Schäumen … eigentlich zum Bier, zu Schokolade und geschlagener Sahne gehört«. Die Experten verabscheuten moussierenden Wein als »Korkenspringer« und Teufelswein. Am französischen Hof hingegen wurde er natürlich um so beliebter, da er sich hervorragend als Muntermacher bei zweifelhaften Abendgesellschaften eignete.

Das Ruinart-Wappen in den Crayères (Kellern) von Reims

Die Ursprünge der modernen Champagnerindustrie reichen bis ins Jahr 1728 zurück, als Ludwig XV. die Beschränkungen des Weintransports in Flaschen aufhob, die bis dahin den Verkauf des moussierenden Weins behindert hatten. Im darauffolgenden Jahr wurde das Unternehmen Ruinart, der erste beurkundete Champagnerhersteller, gegründet. 1735 führte der König Gesetze zur Kontrolle von Größe und Fassungsvermögen der Champagnerflaschen ein sowie die Bestimmung, daß der Korken zusätzlich mit einer Schnur gesichert werden mußte. Und 1743 gründete Claude Moët das Unternehmen Moët & Chandon, welches der größte Champagnerhersteller überhaupt werden sollte.

Der Absatz von Weinen aus der Champagne nahm in den letzten Jahren vor der Französischen Revolution stark zu, und 1788 verdoppelte sich die Verkaufszahl auf 288 000 Flaschen. Obwohl ein hoher Prozentsatz hiervon stille Weine waren, kündigte sich in den Grundstückspreisen an der Côte des Blancs bereits das zukünftige Potential des moussierenden Weins an: Im 18. Jahrhundert stiegen sie um 800 Prozent, denn der kalkhaltige Boden der Côte brachte, damals wie heute, Weine hervor, die stärker moussierten.

Zu Beginn des 19. Jahrhunderts profitierten die Champagnerhersteller von den imperialistischen Ambitionen Napoleons. Wo immer das französische Heer einen Sieg errang – ob in Österreich, Preußen oder Polen –, war bald auch ein Champagnerhändler zur Stelle, der die Unterlegenen mit seinem Weinangebot tröstete und ein Verkaufsnetz für zukünftige Geschäfte knüpfte. Selbst als Napoleon bei Waterloo seine endgültige Niederlage erlebte und die – Angst und Schrecken verbreitenden – Kosaken Reims und Epernay besetzten, wußten die gewieften Bewohner der Champagne daraus einen Vorteil für sich zu ziehen: Es heißt, Jean-Rémy Moët habe die Russen sogar ermuntert, Wein mitzunehmen, in dem sicheren Vertrauen auf das alte Handelsprinzip, daß sie wiederkommen

Aus einem Hauptbuch von Ruinart (18. Jh.)

Römische Treppe zu den Crayères von Ruinart

würden. Und so war es denn auch. Bald war Rußland der zweitgrößte Exportpartner der Champagne, nach England.

Und dennoch war die Herstellung des moussierenden Champagneweins auch in nachnapoleonischer Zeit noch eine primitive Angelegenheit. Das Sediment, das sich während des Gärprozesses in der Flasche bildete, konnte nur entfernt werden, indem man den Inhalt in eine andere Flasche umschüttete – ein schwieriges, schmutziges und teures Verfahren für einen moussierenden Wein. Und die Beigabe von Zucker, der das Moussieren des Weins fördern sollte, führte häufig zu erhöhtem Druck in den Flaschen, so daß sie nicht selten explodierten. Im 19. Jahrhundert lösten zwei technische Neuerungen diese Probleme. Die *remuage* – das Rütteln der Flaschen, durch das der Bodensatz zum Korken wandert (siehe S. 30) – war bis dahin ein schwieriges und mühsames Unterfangen gewesen, da der *remueur* dabei jede Flasche einzeln aus dem Regal nehmen mußte. Antoine Muller nun, im Jahre 1818 *chef de caves* (Kellermeister) der Witwe Clicquot, erfand dafür die *pupitres*, mit Löchern versehene Gestelle, welche die Gestalt eines umgedrehten »V« hatten. Die Flaschen wurden mit dem Hals nach unten schräg in diese Löcher gesteckt, so daß man sie täglich drehen und kippen konnte, bis das Sediment sicher am Korken saß.

Stiche aus dem 19. Jahrhundert mit Darstellungen der traditionellen Champagnerherstellung

Eine noch bedeutendere Neuerung war der sogenannte *sucreoenomètre* (»Weinzuckermesser«), den 1836 ein bescheidener Pharmazeut aus Châlons-sur-Marne namens M. François erfand. Mit dieser Vorrichtung konnte man die Menge des Restzuckers in dem stillen Wein exakt bestimmen, bevor die zweite Gärung in Gang gesetzt wurde. Und so war der Champagnerhersteller in der Lage, genau die Menge Zucker hinzuzufügen, die nötig war, damit der Wein moussierte, ohne daß dabei ein zu hoher Druck in der Flasche entstand. Damit war der moussierende Champagner sozusagen mündig geworden und konnte nach einem zuverlässigen Verfahren in handelsüblichen Mengen produziert werden.

Die Eroberung der Weltmärkte

Dank der Entdeckung des Pharmazeuten expandierte der Champagnerhandel zwischen 1840 und der Jahrhundertwende dramatisch. In kürzester Zeit entstanden zahlreiche Unternehmen, die ihre Weine zu sehr niedrigen Preisen anboten. Doch das Publikum war bald enttäuscht von diesen Billigchampagnern, die unter beliebigen Namen und Etiketten verkauft wurden. Dies führte zu einem wachsenden Erfolg bekannter »Marken«, die dem Kunden zuverlässig erschienen. Viele der besten Markennamen wurden von deutschen Immigranten gegründet: den Bollingers, Krugs, Heidsiecks und Mumms – sprachlich gebildeten Leuten, die folglich besser gerüstet waren, die Weltmärkte zu erobern. Die ursprünglich aus dem Elsaß stammende Familie Louis Roederer wurde in den vierziger Jahren des 19. Jahrhunderts zum wichtigsten Champagnerlieferanten für Rußland und schuf dreißig Jahre später ihren schweren *Cristal* (der Name ist auf die klare Glasflasche zurückzuführen), um dem Geschmack des Zaren, der Süßes liebte, entgegenzukommen.

Bis in die fünfziger Jahre des 19. Jahrhunderts waren alle Champagner ziemlich süß. Dies hing mit dem Handel zusammen. Um der wachsenden Nachfrage für ihre perlende Ware gerecht zu werden, fügten die Champagnerhersteller dem Wein regelmäßig eine hohe Dosis von gezuckertem *liqueur* hinzu, damit er schon wenige Jahre nach der Weinernte genießbar war. In den sechziger Jahren begannen einige Firmen, ihre Weine mit dem Etikett »trocken« zu versehen – die Antwort auf einen neuen, von den Briten geförderten Trend zu trockenerem und reiferem Champagner. 1865 schickte Bollinger bereits einen »sehr trockenen« Champagner nach England. Dieser Wein, obwohl nach modernen Maßstäben nicht von Natur aus *brut* (»knochentrocken«), war weitaus weniger süß als die meisten anderen jener Zeit. Der erste wirklich trockene Champagner ent-

Ein historisches Exportplakat von Charles Heidsieck

»Auf das Wohl des Kellermeisters« (Gemälde)

stand 1874 bei Madame Pommery und eroberte das viktorianische London im Sturm. Die Einführung dieser trockenen Sorte läutete eine Revolution ein, denn von nun an galt Champagner auf den Weltmärkten nicht mehr als Wein für Toasts und Desserts, sondern als Getränk, das man zu jeder Tages- und Nachtzeit zu sich nehmen konnte. In den »Frechen Neunzigern« tranken ihn Schauspielerinnen aus Pantoffeln, und Champagnerfans schrieben unzählige, indes ziemlich langweilige Gedichte über ihre Lieblingsjahrgänge.

Auch als sie den Blick jenseits des Atlantiks richteten, ging den Bewohnern der Champagne der Sinn für Eigenwerbung nicht verloren. Laut Patrick Forbes kam es Ende der dreißiger Jahre des 19. Jahrhunderts zu den ersten bedeutenden Exporten in die Vereinigten Staaten. Über fünfzig Jahre später verkaufte das Haus Mumm, das sich auf den amerikanischen Markt spezialisiert hatte, aufgrund einer umfassenden Werbekampagne 850 000 Flaschen. Und in den Luxusbordellen von New Orleans war »Wein« gleichbedeutend mit Champagner, insbesondere mit Mumms *Cordon Rouge*.

Der vielleicht schillerndste Champagnervertreter in den USA war George Kessler, der Agent der Firma Moët & Chandon. Bei der Schiffstaufe der Yacht des deutschen Kaisers im Jahre 1903 in New York besaß Kessler die Chuzpe, eine Flasche deutschen Sekt durch eine Flasche *White Star* von Moët zu ersetzen. Der Kaiser war wütend, doch bei dem anschließenden Empfang errang Moët großes öffentliches Aufsehen, was dem Unternehmen nicht ungelegen kam. 1906 schenkte der schamlose Kessler den Überlebenden des Erdbebens in San Francisco eine ganze Zugladung voll Champagner. Doch auch Südamerika war ein lohnender Absatzmarkt. Zu Beginn des Ersten Weltkriegs hatte Chile den höchsten Pro-Kopf-Verbrauch an Champagner auf der ganzen Welt zu verzeichnen, eine Position, die inzwischen die weinliebenden Belgier eingenommen haben.

Der Krieg gegen Imitationen

Mit dem Anstieg der Exporte gegen Ende des 19. Jahrhunderts nahmen auch die Imitationen des echten Produktes zu. Überall in Frankreich sowie in der Schweiz und in Deutschland wurde die Bezeichnung »Champagner« bedenkenlos für alle moussierenden Weine verwendet. 1882 hieß es in einem Dokument des französischen Landwirtschaftsministeriums (fälschlicherweise), der Export von Champagner in die Vereinigten Staaten sei aufgrund der kalifornischen Konkurrenz und schlechter Qualität zurückgegangen. Daraufhin traten die erbosten Champenois gemeinsam in Aktion und gründeten auf Initiative der Familie Heidsieck das Syndicat du Commerce des Vins de Champagne, eine ausgesprochen effektive Handelsvereinigung, die sich aus den wichtigsten Häusern sowie den Vorläufern der *grandes marques* zusammensetzte und deren Ziel es war, den guten Namen und den Ruf des Champagners zu schützen.

Die Rosa Dame

Obwohl das Syndicat du Commerce in den Vereinigten Staaten keinen Erfolg hatte, wo einheimischer Schaumwein bis heute als Champagner bezeichnet werden darf, gewann es 1889 einen Prozeß gegen die *mousseux*-Hersteller von Saumur. Diese hatten argumentiert, das Wort »Champagner« sei als Bezeichnung für die Herstellungsmethode moussierender Weine ins öffentliche Bewußtsein eingegangen und beziehe sich nicht auf deren geographischen Ursprung. Der Sieg der Champenois im Kampf gegen

Die »Fliegende Lady« von Moët & Chandon: Plakat der Handelsvertretung im Fernen Osten

die Hersteller von Luxusgütern, die aus dem Namen Kapital schlagen wollten, sollte sich später noch einmal wiederholen: 1993 wurde dem Haus Yves St. Laurent untersagt, den Namen »Champagne« für ein Parfüm zu verwenden.

Aufstand in der Champagne

Im Jahre 1905 stießen die Versuche der Regierung, die Grenzen der Weinanbaugebiete festzulegen, bei den Winzern auf erboste Ablehnung, denn seit 1890 waren deren Einkünfte drastisch zurückgegangen. Schuld daran waren die verheerenden Schäden durch die Reblaus, einen Parasiten, der sich vom Saft des Weinstocks ernährt, bis dieser schließlich abstirbt. Die Weinbauern hegten insbesondere Groll gegen jene skrupellosen Unternehmen, die für ihre *cuvées* Trauben oder auch Jahrgangsweine aus Gebieten fernab der eigentlichen Champagne kauften. Die Winzer aus dem klassischen Kernland an der Marne erklärten, nur ihr Boden eigne sich für den Anbau der Champagnertrauben, während die Weinbauern im Süden, in der Aube, darauf beharrten, daß ihre Weingärten zur ehemaligen Provinz Champagne gehörten und Troyes deren historische Hauptstadt sei. Die französische Regierung schwankte hin und her, je nach augenblicklicher Laune, bis schließlich, am 12. April 1911, alles ein tränenreiches Ende fand: Die Weinbauern von der Marne stürmten Ay, plünderten die Weinkeller der Händler und ließen den Wein aus den Fässern auf die Straße laufen. Doch bald gewann der gesunde Menschenverstand wieder die Oberhand, und man schloß einen Kompromiß. Das klassische Kernland an der

Marne sollte als »Champagne«, die Aube hingegen als »Champagne Deuxième Zone« bezeichnet werden. Und schließlich wurde 1927, als die Aube dem erweiterten Champagnegebiet einverleibt wurde, deren zweitrangiger Status wieder aufgehoben.

Krieg, Prohibition und Erneuerung

Im Ersten Weltkrieg wurde Reims über tausendmal von der deutschen Artillerie beschossen, und nach 1918 mußte die Stadt vollständig neu aufgebaut werden. Die sich überall ausbreitende Stimmung gegen den Alkoholgenuß, die auf den Waffenstillstand folgte, kam für die Bewohner der Champagne einer Katastrophe gleich. Im Jahr zuvor war der lukrative russische Markt bereits durch die bolschewistische Revolution verlorengegangen, und die Vereinigten Staaten, die vor dem Krieg jährlich drei Millionen Flaschen Champagner importiert hatten, wurden mit der Einführung der Prohibition im Jahre 1920 »trocken« und fielen somit ebenfalls für den Export aus. Ein großer Teil Kanadas und die skandinavischen Länder folgten rasch diesem Vorbild. Und dann kam die Große Depression. Laut Tom Stevenson, einem Champagnerexperten, waren 1932 die Lager der Champagnerhersteller so gut gefüllt, daß der Bedarf für dreiunddreißig Jahre gedeckt war; überleben konnten die Betriebe nur, indem sie sich weitgehend auf den wachsenden französischen Markt konzentrierten.

Zu dieser Zeit gründeten Winzer, die ihre Trauben nicht an den Mann bringen konnten, die ersten Winzergenossenschaften. Als die Prohibition im Jahre 1934 in den Vereinigten Staaten aufgehoben wurde, begann für die Champagnerindustrie dank Robert-Jean de Voguë, dem Geschäftsführer der Firma Moët & Chandon, eine Phase der Erneuerung. Denn de Voguë machte den revolutionären Vorschlag, den Preis für Champagnertrauben um das Sechsfache zu erhöhen, um auf diese Weise den Weinbauern ein annehmbares Einkommen zu sichern. De Voguë wurde von reaktionären Kollegen boshaft als »Roter Marquis« bezeichnet, doch in Wirklichkeit war er es, der in den Jahren vor dem Zweiten Weltkrieg die Champagnerindustrie vor dem Untergang bewahrte.

Auch das *Comité Interprofessional du Vin de Champagne*, dessen Gründung 1941 von der deutschen Besatzungsmacht genehmigt wurde, ging auf seine Initiative zurück. Noch heute, nach mehr als fünfzig Jahren, ist das C.I.V.C. die einflußreichste offizielle Weininstitution Frankreichs. Sie fungiert als Schlichter bei Streitigkeiten zwischen Händlern und Weinbauern, tritt aber auch als gutgeölte Propagandamaschine für die gesamte Champagnerindustrie in Erscheinung. Und man darf wohl mit Fug und Recht behaupten, daß das C.I.V.C. seinen Erfolg zum großen Teil den deutschen Tugenden der Effizienz und der Liebe zum Detail verdankt.

Die heutige Welt des Champagners

Die Champagnerindustrie der neunziger Jahre wird von riesigen Konzernen beherrscht. Das mit Abstand mächtigste Unternehmen ist Moët & Chandon, das fast ein Viertel des gesamten Exports bestreitet. 1987 übernahm das Moët-Hennessy-Imperium durch einen geradezu byzantinisch anmutenden, komplizierten Handel die Gruppe Louis Vuitton, einen Konzern für Luxusgüter, samt dessen Anteilen an Veuve Clicquot, Lanson (das Moët inzwischen verkauft hat) und Pommery. Die hemmungslose Ausdehnung dieses Wirtschaftsriesen (unter der Bezeichnung L.V.M.H.) führte schließlich dazu, daß der Konzern heute fünfzig Prozent des Champagnerexports kontrolliert. Fairerweise muß man jedoch sagen, daß groß auch schön sein kann, denn trotz der Ausdehnung des Unternehmens ist die Qualität der Moët- und Clicquot-Weine hervorragend.

Der große Konkurrent heißt Seagram, ein kanadischer Getränkekonzern, der die Firmen Mumm, Heidsieck Monopole und Perrier-Jouët fast vollständig unter Kontrolle hat. Bis vor kurzem noch war Perrier-Jouët ein kleines Juwel unter den Champagnerherstellern, ein Haus, in dem unbehelligt von der Konkurrenz erlesene Champagner entstanden. Seine Renommiercuvée *Belle Epoque*, die in einer *Fin-de-siècle*-Flasche mit blauen und weißen Blumen abgefüllt war, kam erstmals 1970 zur Feier des siebzigsten Geburtstags von Duke Ellington in einem Pariser Nachtclub heraus und war seitdem in den Vereinigten Staaten ein Riesenerfolg. Das Gespür für Marketing scheint bei Seagram in letzter Zeit etwas nachgelassen zu haben, da 1993 der Mumm Cordon Rouge, ein ziemlich durchschnittlicher Champagner, ans obere Ende der Preisskala gesetzt wurde.

Im Gegensatz dazu hat die im Familienbesitz befindliche Rémy-Martin-Gruppe aus Cognac seit Anfang der siebziger Jahre, als sie einen Mehrheitsanteil an Krug erwarb, keinen Schritt in die falsche Richtung getan. Henri Krug stellt Spitzenweine her, an denen sich die Beurteilung aller anderen orientiert, und die Beteiligung von Rémy ermöglichte ihm den Kauf von Weinbergen, insbesondere des Clos du Mesnil, von denen die ausgesprochen vielschichtigen *Blanc-de-Blancs*-Champagner stammen. 1985 kaufte Rémy-Martin Charles Heidsieck und vier Jahre später Piper Heidsieck. Daniel Thibault, *chef de caves* beider Häuser, kreiert Champagner, die zu trinken die reine Freude ist. Wie ihr Hersteller besitzen sie eine Seele.

Von den unabhängigen Häusern ist Laurent-Perrier *die* Erfolgsgeschichte der Nachkriegszeit. Sein Geschäftsführer, Bernard de Nonancourt, inzwischen über siebzig Jahre alt, ist der letzte in einer Reihe legendärer Persönlichkeiten, die die moderne Champagnerindustrie prägten, bevor sich die Konzernbildung breitmachte. De Nonancourt, der als junger Mann in der französischen Résistance kämpfte, verfügt über angeborene Führungsqualitäten und hat sich immer mit überdurchschnittlich kompetenten Mitarbeitern umgeben. Seit er 1948 die

Bernard de Nonancourt
von Laurent-Perrier

Firma übernahm, konnte er die Verkaufszahlen von 80 000 auf sieben Millionen Flaschen erhöhen, womit Laurent-Perrier heute eins der größten Häuser der Champagne ist. Bernard de Nonancourt ist stets den Weg über die Qualität gegangen und hat dabei viel Mut bewiesen. Seine kühnste Entscheidung war wohl die Einführung des *Grand Siècle* im Jahre 1957, einer Renommiercuvée, die kein Lagenwein war, sondern aus drei Rebsorten bestand und immer noch als hervorragend gilt.

Kürzlich hat Laurent-Perrier seinen Anteil am Weinmarkt erweitert und eine Mehrheitsbeteiligung an Antonin Rodet in Burgund sowie an der Firma Duclot in Bordeaux erworben. In Kalifornien haben die de Nonancourts und die Tancers von Iron Horse ein Joint-venture zur Herstellung von Schaumwein geschlossen.

Als Erben einer älteren Tradition konnten sich drei große Champagnerhäuser, die in Familienbesitz sind, auch in den neunziger Jahren eine solide finanzielle Basis bewahren. Von ihnen verzeichnet Louis Roederer die höchsten Gewinne, was daran liegt, daß er sich mit den Trauben von seinen nur 180 Hektar umfassenden, auserlesenen Rebflächen begnügt. Bollinger stellt große, einzigartig kräftige Champagnerweine her. Und Pol Roger ist vermutlich der kompromißloseste von allen dreien, da er unfähig zu sein scheint, eine Flasche Champagner aus dem Haus zu geben, die nicht höchsten Ansprüchen genügt. Trotz all des Geredes über Finanzstärke und Vertriebsnetze wird der Verkauf von Champagner immer noch durch die Qualität bestimmt, die der Wein im Glas an den Tag legt.

Die Champagnerherstellung

Traktoren mit hohen Rädern fahren
bei der Weinlese über die Rebstöcke hinweg

DAS VERHÄLTNISMÄSSIG ZURÜCKHALTENDE, das echten Champagner charakterisiert, hat sehr viel mit dem kalten Klima in Nordfrankreich zu tun, wo die Trauben angebaut werden. Der Kern der Champagne liegt etwa 150 Kilometer nordöstlich von Paris, und das Zentrum der Herstellung befindet sich in der Umgebung von Reims und Epernay mit der Montagne de Reims, der Côte des Blancs und dem Vallée de la Marne. Von der etwa 100 Kilometer entfernten, im Südwesten gelegenen Aube ist bei den großen Häusern nur selten die Rede, obwohl die Weine aus diesem Gebiet ein wichtiger Bestandteil der mehrlagigen Verschnitte sind. Champagnertrauben wachsen auch – auf kleineren Rebflächen – in den Départements Aisne, Seine-et-Marne und Haute-Marne.

Oft hört man, die Champagne sei eins der kleinsten Weinanbaugebiete Frankreichs. Im Vergleich zu den ausgedehnten Anbauflächen des Midi trifft dies zwar durchaus zu, doch ist die Champagne doppelt so groß wie das Beaujolais oder das Elsaß und produziert in der Regel mehr als 200 Millionen Flaschen moussierenden Weins pro Jahr. Der Außenhandel der Champagne macht 25 Prozent des gesamten französischen Exports von A.O.C.-Weinen aus (*Appellation d'Origine Contrôlée* – d.h., der Name des Weins ist gesetzlich geschützt).

Das Tal der Marne

Für die Champagnerherstellung verwendete Trauben

Pinot Noir

Pinot Meunier

Chardonnay

Die Anbaugebiete der Champagne

Das Anbaugebiet für Champagnertrauben liegt 150 Kilometer nordöstlich von Paris nahe der belgischen Grenze. Hauptproduktionsgebiet ist das Departement Marne. Neben den Weingärten der Aube, etwa 100 Kilometer südöstlich dieses Gebietes an der Grenze zu Burgund gelegen, gibt es noch kleinere Anbauflächen in den Departements Aisne, Seine-et-Marne und Haute-Marne. Die nebenstehende Karte zeigt die wichtigsten Anbaugebiete, denen die in diesem Buch genannten Städte und Dörfer zugeordnet sind.

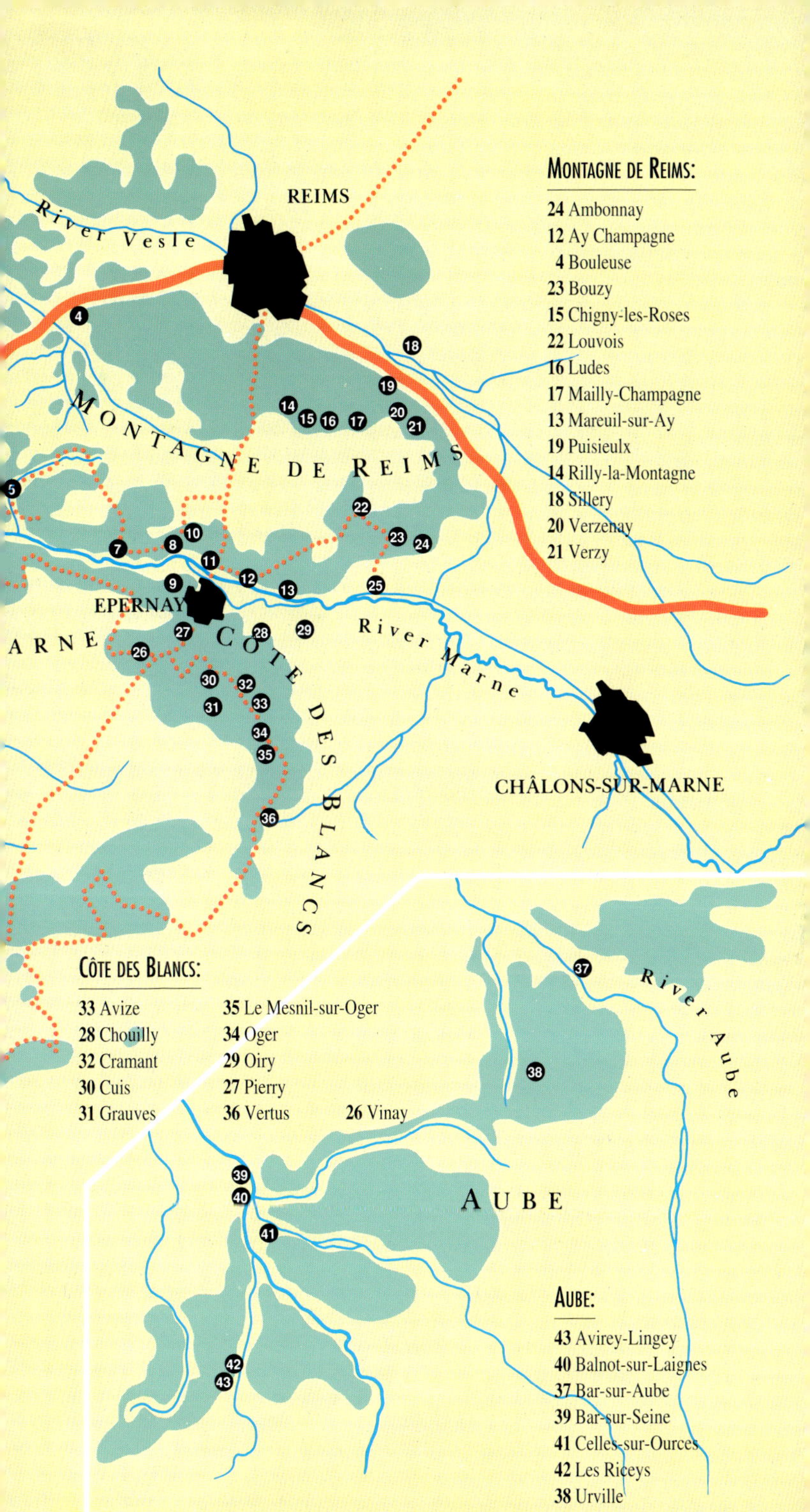
REIMS
River Vesle
MONTAGNE DE REIMS
EPERNAY
MARNE
CÔTE DES BLANCS
River Marne
CHÂLONS-SUR-MARNE
River Aube
AUBE
MONTAGNE DE REIMS:
24 Ambonnay
12 Ay Champagne
4 Bouleuse
23 Bouzy
15 Chigny-les-Roses
22 Louvois
16 Ludes
17 Mailly-Champagne
13 Mareuil-sur-Ay
19 Puisieulx
14 Rilly-la-Montagne
18 Sillery
20 Verzenay
21 Verzy
CÔTE DES BLANCS:
33 Avize
28 Chouilly
32 Cramant
30 Cuis
31 Grauves
35 Le Mesnil-sur-Oger
34 Oger
29 Oiry
27 Pierry
36 Vertus
26 Vinay
AUBE:
43 Avirey-Lingey
40 Balnot-sur-Laignes
37 Bar-sur-Aube
39 Bar-sur-Seine
41 Celles-sur-Ources
42 Les Riceys
38 Urville

Bei der Herstellung von Champagner finden nur drei Rebsorten Verwendung: Die Pinot-Noir-Traube, die etwa dreißig Prozent der Anbaufläche ausmacht, wird vor allem auf den kalk- und sandhaltigen Böden an den Hängen der Montagne de Reims angebaut und ergibt gehaltvolle, an Finesse reiche Weine. Obwohl sie leicht fault, wird sie auch in der Aube zunehmend beliebter. Für die wärmeren Böden im Marnetal eignet sich am besten die robustere, wegen ihrer hohen Ernteerträge und ihres würzigen Geschmacks geschätzte Pinot-Meunier-Traube. Mit ihr ist nahezu die Hälfte des Weinanbaugebiets der Champagne bestückt. Wie die Mafia ist sie allgegenwärtig, doch niemand spricht darüber – was eigentlich nicht zu verstehen ist, gehen doch aus dieser Traube wichtige Weine für jahrgangslose Champagner der allerbesten Häuser wie Krug, Roederer, Pol Roger und Billecart-Salmon hervor. Die natürliche Heimat der Chardonnaytraube ist der kalkreiche Boden der Côte des Blancs. Da sie weniger frostanfällig ist als die Pinot Noir, bringt sie höhere Ernteerträge. Ihr feiner, eleganter, durchdringender Geschmack ist in Champagnerverschnitten unerläßlich, um die größere Fülle der Pinot Noir auszugleichen. Ein *Blanc-de-blancs*-Champagner besteht ausschließlich aus Chardonnaytrauben.

Bei der Ernte werden die Trauben vorsichtig mit der Hand gepflückt und die beschädigten Beeren entfernt, weil die meisten Champagner aus dunklen Trauben (Pinot Noir und Meunier) hergestellt werden und jede Verletzung der Schale zu einer Verfärbung des Mostes (der ausgepreßte Traubensaft) führen kann. Aus demselben Grund werden die Trauben in großen, flachen Pressen so schnell wie möglich ausgepreßt – jeweils etwa vier Tonnen. Bis vor kurzem wurden auf diese Weise durch drei verschiedene Pressungen 2666 Liter Most gewonnen: als erstes die Cuvée mit 2050 Litern, als zweites die *première taille* mit 410 Litern und als drittes die *deuxième taille* mit 206 Litern.

Weinlese mit der Hand

Traditionelle horizontale Champagnerpresse

Moderne Champagnerpressen

Das Problem besteht allerdings darin, daß bei jeder Pressung der Most dunkler und bräunlicher wird, was eigentlich nicht erwünscht ist. Deshalb verwendeten die besten Häuser bislang ausschließlich die Cuvée und verkauften die zweite und dritte Pressung an Hersteller von billigem Champagner. 1992 verbot die Regierung jedoch die Verwendung der *deuxième taille* und reduzierte gleichzeitig die zugelassene maximale Saftmenge von 2666 Litern auf 2550 Liter. Und bei diesem Versuch, in Zukunft die Lagerbestände zu reduzieren, soll auch der maximale Ertrag pro Hektar bis 1995 halbiert werden, selbst wenn das für viele kleine Weinbauern das Aus bedeuten wird.

Nach dem Pressen werden Unreinheiten im Most durch die *débourbage* beseitigt, ein Verfahren, bei dem die festen Bestandteile innerhalb von zwölf Stunden auf den Boden des Fasses sinken. Anschließend kommt der klare Saft in die – zumeist aus Edelstahl bestehenden – Gärfässer. Einige wenige Spitzenhäuser wie Krug, Alfred Gratien und Bollinger verwenden für den Gärungsprozeß immer noch Holzfässer (Bollinger für seine Jahrgangsweine), und ein paar verwegene Hersteller wie Anselme Selosse in Avize benutzen für bestimmte Cuvées vollständig neue Eichenfässer. In diesem Stadium unterscheidet sich der Wein kaum von jedem anderen stillen Weißwein; seine Verwandlung erfährt er erst durch die Champagnermethode und die Kunst des Verschneidens.

Unter Champagnermethode ist jener Prozeß zu verstehen, bei dem der Wein zum Moussieren gebracht wird, indem man ihn in der Flasche ein zweites Mal gären läßt. Dieses Verfahren wird heute überall auf der Welt zur Herstellung von Schaumwein höchster Qualität angewendet. Doch erst das Können des Kellermeisters macht den Champagner zu einem Wein, der sich von weniger edlen Sorten unterscheidet. Das Verschneiden erfordert einen sicheren Geschmack, Erinnerungsvermögen und Erfahrung, denn die wesentlichen Eigenschaften der einzelnen Champagner-Weinlagen *(crus)* müssen im Gedächtnis behalten und ihre verschiedenen Geschmacksrichtungen zu einem Wein verschmolzen werden, der charakteristisch für das jeweilige Haus ist. Manchmal verschneidet der Kellermeister auch eine mehr oder weniger große Anzahl von Weinen des laufenden Jahrgangs mit kleineren Mengen von Reserveweinen aus vorangegangenen Jahren.

Sobald der Verschnitt erfolgt und eine sorgfältig bemessene Menge *liqueur de tirage* (eine Lösung aus Zucker, Reservewein und Hefe) hinzugefügt ist, kann die zweite Gärung des Weines beginnen. Das Ergebnis dieses als *prise de mousse* bezeichneten langsamen Prozesses ist eine innige Vereinigung der verschiedenen Weine und schließlich ein gleichmäßiger Strom kleiner Perlen im Sektglas. Während dieses zweiten Gärungsprozesses, der manchmal bis zu drei Monate lang dauert und bei dem der Druck im Inneren der Flasche auf fünf bis

Gärtanks aus Edelstahl bei Pommery

Kleiner Faßkeller bei Krug

Alain Terrier – Kellermeister bei Laurent-Perrier

Stille Weine für den Verschnitt bei Louis Roederer

Fürst Alain de Polignac
von Pommery

Daniel Thibault, Kellermeister
bei Charles Heidsieck

sechs Atmosphären steigt, werden die Flaschen liegend gelagert (*sur lattes*). Wichtig hierbei ist eine konstant kühle Temperatur von 10 bis 12° C. Dabei bildet sich ein Bodensatz, der zum großen Teil aus abgestorbener Hefe besteht und der die Komplexität von Bukett und Geschmack des Weins erhöht. Die Flaschen werden mehrmals – per Hand oder mit dem Gabelstapler – geschüttelt, um das Sediment aufzurühren und für die *remuage* vorzubereiten. Die Dauer der Reifung in diesem Stadium ist ganz entscheidend für die Qualität des Champagners. Ein jahrgangsloser Champagner muß mindestens ein Jahr in der Flasche gereift sein, bevor er verkauft wird, Jahrgangschampagner mindestens drei Jahre. Die meisten guten Häuser lassen ihren jahrgangslosen Champagner drei Jahre und ihren Jahrgangschampagner fünf Jahre reifen.

Als *remuage* (»Rütteln«) wird jener Vorgang bezeichnet, bei dem die Hefe-

Remuage per Hand

»Sur lattes« gelagerter Champagner (die Flaschen liegen)

ablagerungen gelöst werden. Traditionell werden die Flaschen in schräge Pulte mit Löchern, die sogenannten *pupitres*, eingelagert und täglich gedreht und gekippt, so daß sie sich am Ende, mit dem Hals nach unten, in einer fast senkrechten Position befinden. Auf diese Weise setzt sich die Ablagerung an der Verschlußkappe oder am Korken fest. Einen großen Teil dieses arbeitsintensiven Prozesses übernehmen heute *gyropalettes* genannte, computergesteuerte Automaten, die schneller sind als die *remueurs*, jene geschickten Männer, die früher diese Arbeit verrichteten: Während die maschinelle Behandlung oft nicht mehr als eine Woche dauert, braucht der *remueur* zwei bis drei Monate. Einige qualitätsbewußte Häuser, darunter so bedeutende wie Charles Heidsieck, Laurent-Perrier und Bollinger, ziehen jedoch immer noch die traditionelle Methode des Rüttelns per Hand vor.

Pupitres mit dem berühmten Cristal von Louis Roederer (mit Sediment im Flaschenhals)

Für lange Reifung »sur pointes« (mit dem Hals nach unten) gelagerter Champagner

Gyropalettes (automatische Rüttelmaschinen) bei Billecart-Salmon

Hefeablagerung nach der zweiten Gärung

Anschließend werden die Flaschen aus den *pupitres* oder *gyropalettes* genommen und *sur pointes*, d. h. senkrecht, mit dem Hals nach unten, gelagert, damit sie langsam – ein paar Monate bis einige Jahre – für das *dégorgement* heranreifen können. Dies bedeutet schlicht und einfach, daß der Korken oder Kronverschluß entfernt und die Ablagerung herausgenommen wird. Zu diesem Zweck werden die Flaschen in senkrechter Lage – mit dem Hals nach unten – durch ein Eisbad gezogen, so daß die Flüssigkeit im Flaschenhals gefriert und die Ablagerung in einer Art »Weinsorbet« eingeschlossen wird. Dann dreht ein *dégorgeur* die Flasche um und entfernt den Korken, so daß durch den Druck des Gases der kleine Eisblock aus der Flasche geschleudert wird und der Rest klar und hell zurückbleibt.

Das Sediment im Flaschenhals

Arbeiter im Weinkeller von G.H. Mumm

Dieser Vorgang wird als *dégorgement à la glace* bezeichnet. Die alte Methode des *dégorgement à la volée*, bei der die Ablagerung ohne Gefrieren beseitigt wird, findet heute nur noch selten Anwendung. Ein sehr traditionell orientiertes Haus allerdings, die Firma Salon, degorgiert immer noch auf diese Weise, und es ist wunderbar zuzusehen, wie dort in kürzester Zeit nach Entfernung des Korkens die Flasche umgedreht wird, so daß kaum mehr als die Ablagerung entweichen kann.

Dennoch geht eine gewisse Menge Wein beim *dégorgement* verloren, und als Ersatz dafür wird eine gleiche Menge *liqueur de dosage*, eine Lösung aus Rohrzucker und stillem Champagner, in die Flasche gefüllt. Deren Zuckergehalt bestimmt den Charakter des Weins und seine relative Süße. Weine der Geschmacksrichtung extra brut etc. erhalten aber keine Zuckerlösung, sondern werden durch die entsprechende Menge desselben Weins aufgefüllt.

Maschine zur Dosage-Abfüllung bei Louis Roederer

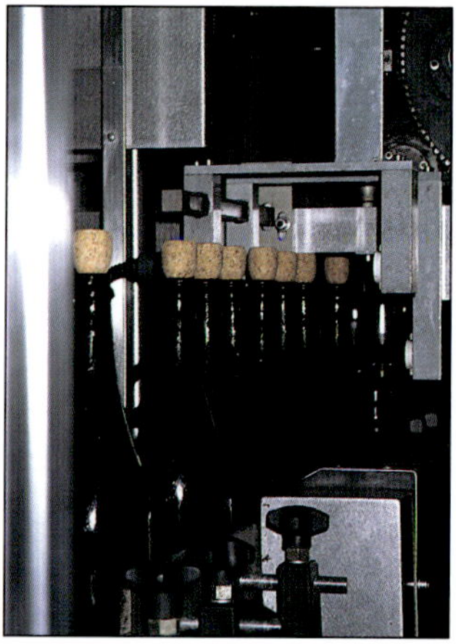

Maschinelles Verkorken bei Louis Roederer

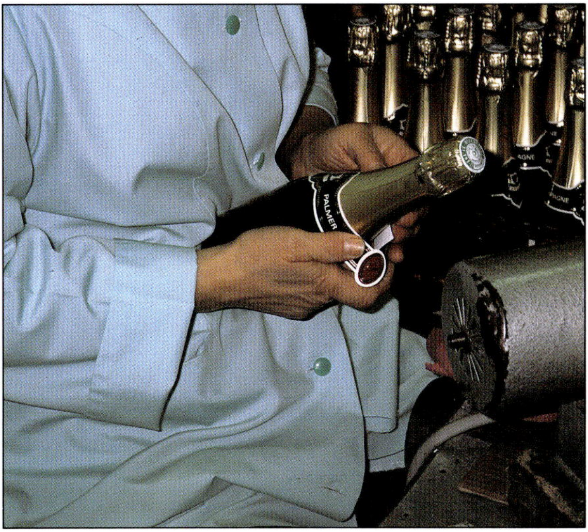

Bei Palmer wird das Etikett per Hand aufgeklebt

Geschmacksrichtungen beim Champagner

Die Beifügung von Zucker in unterschiedlichen Prozentsätzen führt im großen und ganzen zu folgenden Geschmacksrichtungen:

- **extra brut/brut intégral/brut zéro**: In diesen seltenen Fällen wird kein Zucker beigefügt, und die Flasche wird nach dem *dégorgement* mit der entsprechenden Menge desselben Weins aufgefüllt. Das Resultat ist ein extrem trockener Champagner, dessen beste Vertreter Laurent-Perrier und Jacques Selosse sind.
- **brut**: Es wird ein Prozent Zuckerlösung beigefügt, so daß ein trockener, erstklassiger Champagner entsteht. Für den *brut* werden immer die besten Cuvées reserviert.
- **extra-sec**: Ein bis drei Prozent Zuckerlösung führen zu einem trockenen bis halbtrockenen Champagner.
- **demi-sec**: Es werden drei bis fünf Prozent Zuckerlösung beigefügt – ein halbsüßer Champagner.
- **doux**: Durch die Zugabe von acht bis fünfzehn Prozent Zuckerlösung entsteht ein eindeutig süßer Champagner im Stil eines Dessertweins.

Wie man einen Champagner beurteilt

Das Knallen des Korkens und das Sprudeln der Perlen machen einen Teil des Zaubers aus, der dem Champagner innewohnt, doch zur Beurteilung der Qualität sind Aussehen, Geruch und Geschmack bessere Kriterien. Beginnen Sie bei Ihrer Einschätzung mit den Augen, denn der optische Eindruck des Weins erlaubt erste Rückschlüsse sowohl auf seinen Charakter als auch auf seinen

Die Farbe des Champagners

Ein Champagner sollte immer vollkommen klar sein – ein trübes oder verschwommenes Aussehen ist ein deutliches Anzeichen dafür, daß mit dem Wein etwas nicht stimmt. Die meisten Champagner haben eine gelbe Farbe – von zitronengelb und strohfarben über schlüsselblumen- und buttermilchfarben bis hin zu golden und sogar bronzefarben. Eine grüne Tönung kann ein Zeichen für die Lebendigkeit des Weins sein, während ein Stich ins Braune sämtliche Alarmglocken läuten läßt, da dies in der Regel darauf hinweist, daß der Champagner seinen Höhepunkt bereits überschritten hat.

Reifegrad. Sobald der Korken entfernt ist, gießen Sie ein wenig Champagner in ein weißes tulpenförmiges Glas – bis etwa drei Zentimeter über dem Stielansatz. Dann begutachten Sie den Schaum, der auf dem Wein tanzt: Er sollte schneeweiß sein. Nun nehmen Sie das Glas am Stiel in die Hand, neigen es um 45 Grad, wobei Sie es gegen einen weißen Hintergrund – z. B. ein Tischtuch oder ein Blatt Papier – halten, und prüfen sein Aussehen und seine Farbe. Dann prüfen Sie – gegen helles, natürliches Licht – die Perlage. Die Perlen sollten in der Form einheitlich sein, lebhaft sprudeln und in einem gleichmäßigen Strom

1 Strohgelber Pinot-Meunier-Champagner
2 Ausgeprägte Strohfarbe: ein hoher Prozentsatz Pinot Noir
3 Tiefere Goldfärbung: im Holzfaß gereifter Champagner
4 Zartes Lachsrosa: beim Verschnitt weniger Rotwein verwendet
5 Stark rosafarben: höherer Anteil an dunklen Trauben bei der Färbung durch Kontakt mit der Schale
6 Älterer Rosé (Jahrgangswein 1985) mit entwickelter Kupfertönung im Rosa
7 Tiefes Altgold der vollen Reife (16 Jahre alt); Chardonnay aus Le Mesnil
8 Lebhaftes Zitronen-/Strohgelb mit grüner Tönung: ein jüngerer Blanc-de-Blancs-Champagner

zur Oberfläche aufsteigen. Die Experten sind sich über die ideale Größe der Perlen nicht einig; doch fragt man die Bewohner der Champagne, so sagen die meisten, ein Champagner sei um so besser, je kleiner die Perlen sind. Andererseits sind große Perlen aber nicht unbedingt ein Anzeichen für minderen Wein – Ihr Gaumen ist sicher ein besserer Richter.

Geruch und Geschmack

Von größerer Bedeutung ist der Geruch des Champagners. Die Nase ist bei der Weinprobe das sensibelste Organ, und der Geruchssinn ist so eng mit dem Geschmackssinn verbunden, daß der Gaumen häufig nur die durch die Nase empfangenen Eindrücke bestätigt. Halten Sie das Glas mit sicherer Hand am Stiel fest, und schwenken Sie den Champagner kräftig im Glas, so daß das volle Aroma des Weins zutage tritt. Dann halten Sie die Nase in das Glas und ziehen die Luft ein. Mehrere kurze Züge sind besser als ein langer Atemzug, da die Nase besonders bei moussierendem Wein leicht ermüdet. Merken Sie sich den Eindruck, den Sie hierbei gewinnen – ist das Gesamtbild ausgewogen und einladend?

Genauso wie die Farbe kann auch der Geruch auf das Alter des Champagners hinweisen. Junge Champagner sind an dem vornehmlich fruchtigen Duft der Trauben erkennbar, aus dem sie gekeltert sind. Chardonnay riecht blumig und durchdringend, Pinot Noir fruchtig und prägnant, Pinot Meunier würzig, weich und häufig wie frischgebackenes Brot. Ein typischer Mehrlagenwein ist zwar in der Regel ein Verschnitt aus allen drei Rebsorten, doch wenn eine von ihnen dominiert, wird sie das primäre Aroma des Weins bestimmen. Die sekundären Aromen sind im wesentlichen auf die Gärung zurückzuführen. Die wenigen Champagner, die in Holzfässern reifen, haben häufig ein leicht bitteres Aroma. Doch mit zunehmendem Alter entwickeln diese besonderen Champagner einen lieblichen, warmen Geruch nach Toastbrot. Voll ausgereifte Champagner (sechs bis zehn Jahre alt) werden komplexere Aromen (das Bukett) aufweisen. Ihr Geruch ist weiniger, weniger fruchtig als bei jungem Wein, und erinnert ein wenig an alte Hefe – das Resultat der langen Reifung am Korken. Dieser hefige Charakter macht den Wein vielschichtiger, sollte jedoch niemals die Reinheit und den klaren Ausdruck des Champagners überlagern. Nun also zur wichtigsten Prüfung, dem Eindruck, den der Champagner und seine Struktur am Gaumen und im Mund hinterlassen.

Das Verkosten des Champagners

Das Erscheinungsbild prüfen

Den Duft einatmen

Den Champagner probieren

Nehmen Sie einen großen Schluck, wobei Sie gleichzeitig die Luft über dem Champagner einziehen (dabei entsteht, wenn Sie wollen, ein gurgelnder Laut), und lassen Sie ihn durch die Mundhöhle wandern. Das mag ein wenig komisch aussehen, doch die Zunge kann so die vier grundlegenden Eindrücke von Süße (an der Zungenspitze), Säure (an den Seiten), Salzigkeit und Bitterkeit (im hinteren Bereich) voll aufnehmen. Der erste Eindruck sollte der von sauberem Geschmack und reiner Frucht sein. Der Aspekt der Sauberkeit ist ein wichtiges Kriterium, und was das Fruchtige angeht, so sollten Frische und Klarheit im Vordergrund stehen. Verbirgt sich dahinter eine Pinot- oder eher eine Chardonnaytraube?

In Mund und Rachen sollte sich ein leicht prickelndes Gefühl ausbreiten; das heißt, daß die Perlage die Schleimhäute anregt. Der Gaumen sollte, wie Jean-Claude Rouzaud sich ausdrückte, »den gebremsten Überschwang des Champagners« wahrnehmen: fruchtig und doch weinig, einheitlich und von außergewöhnlicher Ausgewogenheit, doch mit einer zarten Spur von Kreide, aus dem er hervorgegangen ist. Schlucken Sie nun und prüfen Sie, ob der Wein einen Abgang hat, denn ein großer Champagner hinterläßt einen klar definierten Geschmack im hinteren Bereich der Mundhöhle und klingt am Gaumen nach.

Worüber das Etikett Auskunft gibt

Champagner ist der einzige französische Qualitätswein, bei dem der geschützte Herkunftsname (Appellation d'Origine Contrôlée) nicht auf dem Etikett zu finden ist, denn der Begriff »Champagner« selbst ist gesetzlich geschützt. Dennoch untersteht der Wein einer strengen Kontrolle, und das Etikett gibt Informationen, die beim Kauf hilfreich sein können.

Schlüsselinformationen

- Bei echtem Champagner ist immer die Bezeichnung »Champagne« deutlich sichtbar auf dem Etikett aufgedruckt, ebenso der eingetragene Markenname des Herstellers.
- Champagneretiketten geben Auskunft über die relative Trockenheit oder Süße des Weins – vom extrem trockenen *Ultra Brut* bis zum wirklich süßen *Doux* – sowie gegebenenfalls eine besondere Ausführung wie *Blanc de Noirs* (ausschließlich aus dunklen Trauben) oder *Blanc de Blancs* (ausschließlich aus weißen Chardonnaytrauben).
- Jahrgangschampagner sind mit dem entsprechenden Datum und in bestimmten Fällen auch mit dem Datum des Degorgierens gekennzeichnet.
- Die Menge des Flascheninhalts ist angegeben: Die Größe der Champagnerflaschen reicht von einer Viertelflasche (knapp 0,2 Liter) über das Standardmaß von 0,75 Liter bis zum Nebukadnezar (der 20 Standardflaschen entspricht). Der Alkoholgehalt ist ebenfalls angegeben, und zwar in Volumenprozent; in der Regel sind dies 12 Prozent.
- Stadt oder Dorf des Herstellers sowie Ursprungsland (Frankreich) werden in der unteren Hälfte angegeben.
- Die interessanteste Information befindet sich, in winzigen Buchstaben, am unteren Rand des Etiketts. Es ist der 1990 vom Comité Interprofessionel du Vin de Champagne (C.I.V.C.) entwickelte Registriercode. Die ersten beiden Buchstaben geben Auskunft über die Art des Champagnerherstellers: N.M. (Négociant-Manipulant); R.M. (Récoltant-Manipulant); C.M. (Coopérative-Manipulant); S.R. (Société de Récoltant); R.C. (Récoltant-Coopérateur); M.A. (Marque d'Acheteur). (Die verschiedenen Arten von Champagnerherstellern werden im **Glossar** erläutert.)

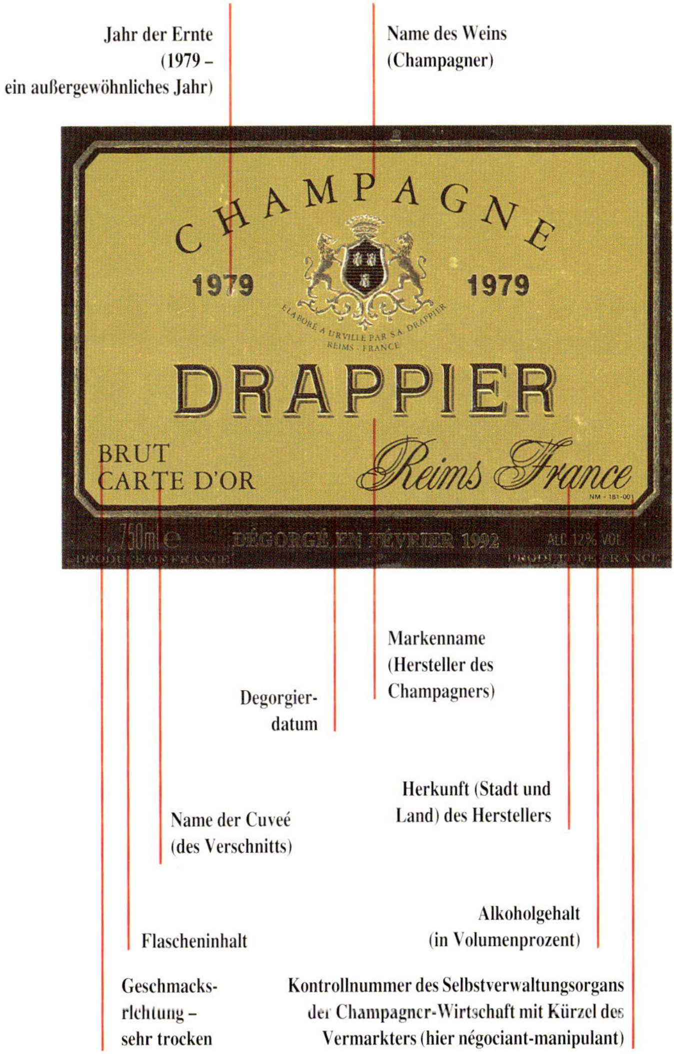

M.A. oder Marque d'Acheteur bedeutet soviel wie »Eigene Marke des Käufers«. Diese Bezeichnung wird häufig von Weinhändlern und Supermärkten verwendet, die ihr eigenes Etikett dem des Herstellers vorziehen, der den Champagner für sie produziert.

Das Öffnen der Champagnerflasche

Der Knall, der ertönt, wenn der Korken zu abrupt entfernt wird, kündigt das Ausströmen einer großen Menge des kohlenstoffhaltigen Gases aus der Flasche an. Besser ist es, wenn die Kohlensäure im Glas langsam durch den Wein strömt.

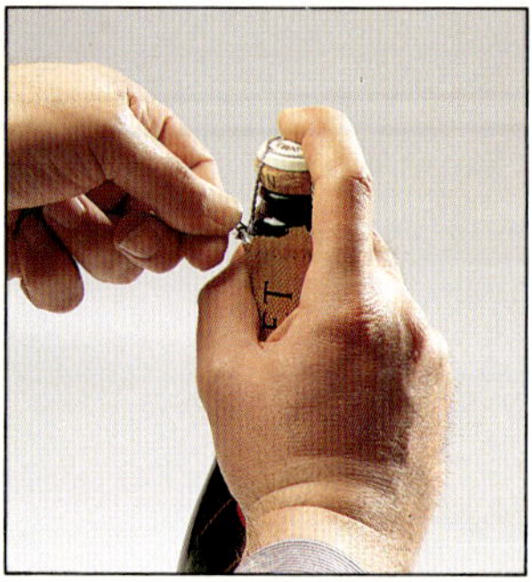

Lösung des Drahtkorbs

Den Korken langsam herausziehen

In dieser Reihenfolge sollten Sie vorgehen:

- Sorgen Sie dafür, daß ein Glas in der Nähe steht, für den Fall, daß die Entfernung des Korkens nicht nach Wunsch verläuft und der Wein aus der Flasche sprudelt.
- Schneiden Sie die Folie um den Korken ab, drehen Sie den Drahtkorb auf und entfernen Sie ihn.
- Stellen Sie die gekühlte Flasche auf einen Tisch oder eine glatte Unterlage. Fassen Sie die Flasche fest mit einer Hand an, und halten Sie den Korken mit der anderen, wobei der Daumen gegen den Korken drückt und die anderen Finger um den Flaschenhals liegen.
- Lockern Sie den Korken, indem Sie ihn mit den Daumen hin und her bewegen. Sie können auch den Korken mit einer Hand bearbeiten, während Sie mit der anderen die Flasche drehen. Sobald der Korken herauskommt, sollte die Flasche unbedingt gekippt werden, wobei die Fläche der einen Hand als Bremse dient, damit der Korken nicht herausschießt: Wenn Sie richtig vorgehen, tritt er mit einem leichten Seufzer aus. Wenn Sie schwache Handgelenke haben, können Sie für die Entfernung des Korkens eine spezielle Sektzange benutzen.

Das Servieren des Champagners

Ein Sektkübel zum raschen Kühlen sollte zur Hälfte mit Wasser und Eis gefüllt sein

Champagner mit einer großen Geste zu servieren ist nicht gerade leicht. Um den Wein auf die richtige Temperatur zu bringen, sanft zu entkorken und einzugießen, ohne die Gäste zu bespritzen, sind Geschicklichkeit, Konzentration und auch ein wenig Erfahrung vonnöten.

Das Kühlen des Weins

Champagner sollte langsam gekühlt und nicht abrupt geeist werden, da es unmöglich ist, einen bei 0° C geöffneten Wein auf seinen Geschmack hin zu prüfen. Servieren Sie Champagner bei einer Temperatur zwischen 6 und 9° C, da in diesem Bereich nicht nur Geruch und Geschmack am besten zur Geltung kommen, sondern der Druck in der Flasche auch auf ein atü sinkt. Damit verringern Sie die Gefahr, daß der Wein nach dem Entkorken aus der Flasche sprudelt. Stellen Sie die Champagnerflasche also entweder eine Stunde lang in den Kühlschrank (*nicht* in das Gefrierfach) – bei einer Temperatur von 6° C – oder für etwa 20 Minuten in einen Sektkühler, der halb mit Eis und halb mit Wasser gefüllt ist.

Dies sind natürlich nur grobe Regeln, die entsprechend dem jeweiligen Wein und den Bedingungen, unter denen er gelagert wurde, variiert werden können. Ein alter Jahrgangschampagner braucht in der Regel weniger Kühlung als ein junger Champagner ohne Jahrgang, und wenn Sie in einer kleinen, zentral beheizten Wohnung leben, sollten Sie den Champagner ein wenig länger kühlen. Sie können Champagner 48 Stunden im Kühlschrank aufbewahren, aber möglichst nicht viel länger, da die Kälte die Perlage abschwächt und den Geschmack des Weins mindert.

Wie man Champagner serviert

Bevor Sie Ihren Gästen Champagner servieren, gießen Sie ein wenig davon in ein Glas und vergewissern sich durch eine Geruchs- und Geschmacksprobe, daß er nicht »korkt« oder »muffelt«. »Korkender« Champagner kommt heutzutage häufiger vor als früher; wenn Sie also entsprechenden Verdacht hegen, ver-

Champagnergläser

Zu einem guten Champagner gehören auch gute Gläser. Um der Mode Genüge zu tun, hatten diese früher häufig bizarre Formen. Die breit auslaufende *coupe,* die in Frankreich seit der Belle Époque bis weit in die sechziger Jahre hinein sehr beliebt war, ist eigentlich für den Champagner nicht geeignet, da die mit kostspieligen Methoden hergestellte Perlage sich darin sehr rasch verflüchtigt. Das beste Allzweckglas sowohl für feine Schaumweine als auch für stille Weine ist dünn und tulpenförmig und verjüngt sich nach oben hin, um die vollen Aromen des Weins einzufangen. Aber die Tulpe ist nicht das Spezialglas für Champagner, sondern vielmehr die *flute* (Flöte), die zur Zeit sehr in Mode ist. Die Flöte mit ihrer schlanken, überlangen Form wirkt sehr elegant, galt jedoch bis vor nicht allzu langer Zeit nicht als das ideale Glas für die Verkostung des Champagners. Denn die schmale zylindrische Form der klassischen Flöte fördert, wie Thomas Matthews vom *Wine Spectator* betont, das rasche Aufschäumen des Weins, so daß die Prüfung der Qualität sehr schwierig wird.

Als Antwort auf diese Kritik von Matthews hat der österreichische Glasdesigner Georg Riedel eine sehr gute und relativ erschwingliche Flöte, das sogenannte *Prestigecuvée*-Glas entwickelt. »Seine weite Öffnung und die leicht geschwungene Schale tragen«, wie Riedel erklärt, »dazu bei, daß sich ein weitaus intensiveres Bouquet und ein vollerer Körper entwickeln können.« Als Champagnerglas sowohl für die strenge

schließen Sie den Wein sofort wieder und bringen ihn – zusammen mit dem Korken – zurück.

Nachdem der Korken entfernt ist, dehnt er sich meist zu einer Pilzform aus, doch manchmal bleibt er auch keilförmig, was nicht unbedingt darauf hinweist, daß der Champagner in schlechtem Zustand ist; es kann auch einfach bedeuten, daß der Wein ziemlich alt ist oder nicht besonders gut gelagert wurde.

Wenn Sie mit dem Zustand des Champagners zufrieden sind, gießen Sie ihn in die Gläser, wobei Sie darauf achten sollten, daß diese nur zu zwei Dritteln gefüllt sind, so daß man die Weinaromen genießen kann, ohne etwas von dem Champagner zu verschütten. Außerdem empfiehlt es sich, den Flaschenhals mit einem Tuch zu umwickeln, damit nichts von dem eiskalten Getränk auf die Schultern Ihrer Gäste tropfen kann, besonders wenn es sich um bezaubernde Damen mit knapp geschnittenen Designermodellen von Dior handelt.

Prüfung als auch für den optisch ansprechend gedeckten Tisch kann man wohl kein besseres finden. Es kostet um die 25 DM.

Gute Champagnergläser sind für Spülmaschinen nicht geeignet: Ganz abgesehen von der Gefahr, daß sie zerbrechen, hinterläßt auch nur die geringste Spur von Spülmittel oder Klarspüler häufig einen synthetischen Geschmack, vor allem aber tötet sie die Perlage des Weins. Reinigen Sie die Gläser stets per Hand, und spülen Sie sie sorgfältig in warmem Wasser nach, bevor Sie sie mit einem frisch gebügelten Küchentuch abtrocknen und polieren.

Klassisches tulpenförmiges Glas

Flöte der Standardgröße

Große Champagnerflöte

Wie man eine geöffnete Flasche aufbewahrt

Die meisten Leute glauben, eine Flasche Champagner müsse nach dem Öffnen möglichst bald leer getrunken werden, da das Perlen des Weins sehr schnell nachläßt. Dies trifft aber nur in den seltensten Fällen zu, denn wenn Sie eine nur halb geleerte Champagnerflasche mit einem normalen Weinkorken verschlossen in den Kühlschrank stellen, sollte der Wein sich noch etwa 24 Stunden hervorragend halten. Und wenn Sie einen einfachen Sektflaschenverschluß verwenden, der etwa 10 DM kostet, dürfte der Champagner noch mehrere Tage perlend bleiben. Bei den Nachforschungen für dieses Buch, zu denen auch das Verkosten Hunderter Champagner gehörte, war ich erstaunt darüber, wie lange sich die Perlage hält, wenn die Weine richtig verschlossen und gekühlt werden.

Eingießen: Das Glas sollte nur zur Hälfte bis zwei Drittel gefüllt werden, damit das Aroma voll zur Geltung kommt

Champagnerverschlüsse zur Aufbewahrung nur teilweise geleerter Champagnerflaschen

Die Größen der Champagnerflaschen

Beim Champagner gibt es zehn verschiedene Flaschengrößen. Doch nur die Champagner in Halbflasche, Standardflasche und der Magnum haben auch in diesen Flaschen ihre zweite Gärung erfahren. Bei der Jeroboam und noch größeren Flaschen sowie bei den Viertelflaschen ist der Sekt unter Druck (eine Technik, die *transvasage* heißt) von Standardflaschen mit 0,75 Litern umgefüllt worden. Die Übergrößen – Salmanazar, Balthasar und Nebukadnezar – werden heute kaum noch hergestellt.

Die verschiedenen Flaschengrößen und ihre Inhaltsmenge:

1/4 FLASCHE	0,187 Liter
1/2 FLASCHE	0,375 Liter
STANDARDFLASCHE	0,75 Liter
MAGNUM (zwei Flaschen)	1,5 Liter
JEROBOAM (vier Flaschen)	3 Liter
REHOBOAM (sechs Flaschen)	4,5 Liter
METHUSALEM (acht Flaschen)	6 Liter
SALMANAZAR (12 Flaschen)	9 Liter
BALTHASAR (16 Flaschen)	12 Liter
NEBUKADNEZAR (20 Flaschen)	15 Liter

Die Champagnerjahrgänge

Champagner ist grundsätzlich ein verschnittener Wein, denn im kühlen Klima Nordostfrankreichs kommen die Trauben nicht jedes Jahr zur vollen Reife. Daher müssen Weine verschiedener Jahrgänge verschnitten werden, um einen wohlschmeckenden Champagner zu erhalten. Doch vielleicht zwei- oder dreimal pro Jahrzehnt gibt es einen außergewöhnlichen Jahrgang, der so gut ist, daß man ihn unverschnitten genießen kann. Leider ist seit kurzem ein Trend zu verzeichnen, zu häufig und in wenig dazu geeigneten Jahren Weine zu Jahrgangsweinen zu erklären. Aus der nachfolgenden Tabelle können Sie die echten Jahrgänge bis 1966 (dem letzten noch überall auf Auktionen erhältlichen Jahrgang) entnehmen.

Die Qualitätskennzeichen bedeuten:

★ ★ ★ = hervorragendes Jahr
★ ★ = wirklich klassischer Jahrgang
★ = annehmbarer Jahrgang; man muß sorgfältig auswählen, um die besten Weine herauszufinden.

1993 Starke Regenfälle Anfang September haben die Aussichten auf einen Jahrgangswein zunichte gemacht, obwohl die früh reifenden Pinot-Meunier-Trauben von guter Qualität waren.

1992 Ein mittelmäßiges Jahr, vom Regen überflutet, Wein mit geringem Säure- und Alkoholanteil. Ausschließlich für Verschnittweine geeignet.

1991 Zwar vom großen 1990er überschattet und kein erstklassiger, aber auch kein schlechter Jahrgang. Einige wenige große Häuser wie Bollinger kündigen vielleicht einen Jahrgangschampagner an.

1990 ★ ★ ★ Wie alle europäischen Weine wird auch der Champagner ein großer Jahrgang sein, der es mit 1985 und 1982 durchaus aufnehmen kann.

1989 ★ ★ ★ Ein weiterer großer Jahrgang, üppige, reife Weine, die sich relativ schnell entwickeln werden.

1988 ★ ★ Ein erstklassiger, gut ausgewogener Jahrgang, fester, trockener, weniger prunkvoll als 1989 oder 1990. Wird sich gut halten.

1987 In keinerlei Hinsicht ein echter Jahrgangswein, da es ihm an Komplexität mangelt. Ausnahmen: Louise Pommery; Jacques Selosse *Cuvée d' Origine*.

1986 ★ Obwohl von vielen Häusern zum Jahrgang erklärt, nur ein ordentlicher, kein erstklassiger Wein. Bei einigen Trauben beginnende Fäule. Sorgfältige Auswahl erforderlich. Pol Rogers *Blanc de Chardonnay* ist allerdings hervorragend.

1985 ★ ★ ★ Ein großer, reifer und doch herrlich ausgewogener Jahrgang, wenn auch mit geringen Erträgen. Hervorragend: Bollinger *Grande Année, Dom Pérignon,* Perrier-Jouet *Belle Époque.*

1984 Das am wenigsten erfolgreiche Jahr der Dekade. Vermeiden.

1983 ★ ★ Von einigen Kritikern stark unterschätzt; ein gutes Jahr mit lebensspendender Säure. Exzellente *Blanc de Blancs* wie etwa Charles Heidsieck *Cuvée des Millénaires* und *Dom Ruinart.*

1982 ★ ★ ★ Obwohl fraglos ein sehr großer, reicher Jahrgang, fehlt es einigen Weinen an Säure. Die besten Champagner sind herrlich, der von Krug ist ein Meisterwerk.

1981 ★ ★ Eine geringe Ernte, einige Qualitätsschwankungen, doch die besten Weine wie Krug, Roederer und Bollinger bergen viele Lebensjahre in sich.

1980 Unverständlicherweise von einigen Häusern zum Jahrgang erklärt.

1979 ★ ★ Ein echter Jahrgang, anfangs hoher Säuregehalt, inzwischen wunderbar.

1978 Wie 1980 von einigen Häusern zum Jahrgang erklärt; sollte man aber im großen und ganzen meiden.

1977 Dürftig. Der einzige mir bekannte annehmbare Wein ist Roederer *Cristal*.

1976 ★ ★ Große majestätische Weine. Die besten wie Krug und Heidsieck *Diamant Bleu* sind wunderbar. Einige Weine lassen ihr Alter erkennen.

1975 ★ ★ Schon seit vielen Jahren wundervolle Champagner von seltener Finesse. Doch ziemlich viele haben ihren Höhepunkt bereits überschritten.

1974 Schwieriges Jahr. Angeblich ein annehmbarer Jahrgangsrosé.

1973 ★ ★ Stilvolle, elegante Weine. Einige wenige Champagner – falls (wie Krug) gut gelagert – stehen immer noch in Blüte.

1972 Entsetzlich.

1971 ★ ★ ★ Langlebige Weine erster Klasse. Immer noch voller Leben.

1970 ★ ★ Reichhaltige, üppige Weine, die schnell getrunken werden sollten.

1969 ★ ★ Aufgrund des hohen Säuregehalts hat sich bei den besten Weinen auch die Kohlensäure halten können. Salon *Le Mesnil* ist vorzüglich.

1968 Sehr dürftig.

1967 Von einigen Häusern zum Jahrgang erklärt. Hat seinen Höhepunkt überschritten.

1966 ★ ★ ★ Einer der größten Jahrgangsweine der Nachkriegszeit. Immer noch ein vollkommenes Getränk.

Die besten Jahrgangsweine vor 1966: 1964, 1959, 1955, 1953, 1949, 1947.

Goldene Altjahrgänge (Sammlerstücke): 1934, 1929, 1928, 1921, 1919, 1914, 1911, 1904.

VERZEICHNIS DER GROSSEN *Champagner*-HERSTELLER

CHAMPAGNER IST DAS IDEALE GETRÄNK zum Feiern und außerdem der beste Seelentröster. In Augenblicken des Glücks und des Triumphes gibt es nichts Vergleichbares. Und in harten Zeiten hebt er die Stimmung wie kein anderes Getränk. Und doch ist nicht nur die glamouröse Aura dieses moussierenden Weins bemerkenswert, sondern der Champagner ist wirklich ein außergewöhnlicher Wein. Dieses Buch nun will Ihnen – aus dem Blickwinkel eines, der sich den größten Teil seines Arbeitslebens in den Weinkellern der französischen Winzer herumgetrieben hat – zeigen, *warum* der Champagner ein so besonderer Wein ist.

Die beiden Verzeichnisse mit mehr als 100 Champagnermarken und ausführlichen Geschmackshinweisen der gegenwärtig lieferbaren Weine bilden den Kern dieses Buches. Beim Champagner gibt es eine große Bandbreite verschiedener, für den jeweiligen Hersteller typischer Stilmerkmale. Daher habe ich versucht, mich auf die Charakteristika und die Philosophie der einzelnen Häuser zu konzentrieren, denn diese bestimmen auch den Geschmack der Weine mit.

Das Verzeichnis der wichtigsten Champagnerhersteller enthält: die großen Champagnermarken, die auf den Exportmärkten erhältlich sind – die berühmten *grandes marques*; Champagner von Kooperativen (Winzergenossenschaften), da diese – vor allem die jahrgangslosen Weine – sich im Glas häufig als besser herausstellten als viele andere Weine berühmter Firmen; und schließlich die besten Champagner kleinerer Hersteller, auch wenn diese in vergleichbaren Werken nicht aufgeführt sind. Denn die Ansicht, nur etwa zwanzig Firmen würden den Champagnermarkt beherrschen, läßt sich kaum mehr halten. Die Champagnerindustrie hat ihre wirtschaftliche Krise hinter sich und ist in Bewegung geraten. Und auch hier wird sich die Macht der Winzer in den neunziger Jahren ähnlich festigen können, wie dies in den achtziger Jahren in Burgund der Fall war.

Das zweite Verzeichnis bietet kurze Beschreibungen weniger bekannter sowie einiger größerer Champagnerhersteller, die nicht genügend Informationen lieferten, um in das Hauptverzeichnis aufgenommen werden zu können.

Wenn ich einen Champagner kritisch kommentiert habe, ist das Datum der letzten Verkostung erwähnt, denn Wein ist ständigen Veränderungen unterworfen. Wenn ich eine Cuvée erwähne, die ich nicht probiert habe, so ist dies vermerkt.

SYMBOLE

Neben Firmensitz, geschätzter Jahresproduktion und einer Gesamtbewertung des jeweiligen Hauses habe ich bisweilen Gerichte aufgeführt, die zu dessen Stil passen. In den doppelt umrandeten »Etiketten« finden sich die empfohlenen Sorten und Cuvées.

- Sitz des Hauses
- Jahresproduktion (in Flaschen)
- Bewertung
- empfohlenes Gericht

Henri Abelé

Gegründet 1757. Henri Abelé ist der drittälteste Champagnerhersteller, der noch im Geschäft ist. Die interessante Geschichte des Hauses ist eng mit Neuerungen bei der Champagnerherstellung verbunden.

Im Jahr 1834 tat sich Auguste Ruinart de Brimont, der Großneffe des Gründers, mit Antoine Muller, dem ehemaligen *chef de caves* bei Veuve Clicquot, zusammen. Dieser hatte maßgeblichen Anteil an der Entwicklung der *remuage*-Technik im Haus der Witwe Clicquot gehabt. Fünfzig Jahre später, 1884, wurde in den Abelé-Kellern das *dégorgement à la glace*, die inzwischen in der gesamten Champagnerindustrie angewendete Methode des Degorgierens, erfunden. 1942 übernahm die Compagnie Française des Grands Vins die Kontrolle über das Unternehmen, und 1985 erwarb Freixenet, der Gigant unter den Cava-Herstellern, die Firma. Als José Ferrer Sala, der Chef von Freixenet, zum erstenmal Champagner von Henri Abelé kostete, weigerte er sich, eine Flasche davon zu kaufen. War er enttäuscht? Nicht sehr angetan? Keineswegs. Señor Ferrer gefiel der Wein so sehr, daß er beschloß, das Unternehmen zu kaufen.

Abelé-Champagner sind, wie es heißt, trocken, fein und blumig. Das gilt sicherlich für die jahrgangslose *Cuvée Sourire de Reims*, benannt nach dem Schutzengel der Kathedrale von Reims, der einem auf dem Etikett entgegenlächelt. Der hervorragende, stoffige Wein ist von hellgoldener Farbe und hat kleine Perlen. Sein blumiger, jedoch ausgereifter Charakter ist auf eine für eine Cuvée ungewöhnliche Komposition – bis zu 60 Prozent Chardonnay, 30 Prozent Pinot Meunier und 10 Prozent Pinot Noir – sowie auf die Reifezeit in der Flasche zurückzuführen, die, wie ich annehme, länger ist als die zwei bis zweieinhalb Jahre, die vom Hause angegeben werden. Der jahrgangslose *Rosé Brut* ist weniger fein, besitzt aber einen vollen Geschmack; der würzige Charakter des

Grande Marque Impériale 1982

Sourire de Reims o. J.

rosafarbenen Weins mit einem leichten Stich ins Kupferfarbene verdankt sich möglicherweise der Methode, den Wein durch Kontakt mit der Traubenschale einzufärben; beim Abgang hat er jedoch eine leicht karamelisierte Note, die meiner Ansicht nach der Finesse abträglich ist. Die Jahrgangsweine schwanken ein wenig in der Qualität. Der vor allem aus Pinot Noir hergestellte *Grande Marque Impériale* von 1982 scheint an Frucht zu verlieren, schmeckt wenig säurehaltig und ist nach eigenem Bekunden des Hauses nicht so erfolgreich wie die Jahrgänge 1976 und 1975. Der *Grande Marque Impériale* von 1983 ist besser als der von 1982, da sauberer im Geschmack und hinsichtlich der Frucht und der Säure ausgewogener. Einer ganz anderen Klasse gehört der *Blanc de Blancs Réserve du Repas* an, ein Wein, der nur in bedeutenden Jahrgängen hergestellt wird. Der 1983er ist ein schöner, makellos trockener Wein, jedoch von reifer, weicher Vollendung im Geschmack, wie sie sich einstellt, wenn ein erstklassiger Chardonnay-Champagner über ein Jahrzehnt hinweg zur Perfektion reifen durfte.

Reims
500.000 Flaschen
★ gute Qualität

SORTEN

OHNE JAHRGANG
Sourire de Reims

ROSÉ
Rosé Brut

JAHRGANGSCHAMPAGNER
Grande Marque Impériale (1982, 1983)

PESTIGE
Blanc de Blancs, Réserve du Repas 1983

Sourire de Reims o. J. ▶

Michel Arnould

Michel Arnould und sein Sohn Patrick gehören zu jenen Winzern, deren grand-cru-*Trauben zur Herstellung der* grandes-marques-*Cuvées sehr gefragt sind.*

Arnould baut immer noch für Bollinger an, obwohl er inzwischen von den Trauben, die auf seinen zwölf Hektar umfassenden Weinbergen in vorzüglicher Lage bei Verzenay wachsen, auch eigene Champagner herstellt und vermarktet. Arnould-Champagner unterscheiden sich von den *monocrus* (Einzellagenweinen) anderer Winzer durch Rasse, Ausgewogenheit und weiche Struktur. Die Weine stehen den jahrgangslosen Cuvées der großen Häuser in nichts nach und schneiden bei Blindtests immer hervorragend ab.

Der *Brut* ist ein echter *Blanc de Noirs* (100 Prozent Pinot Noir), ein Verschnitt von Weinen zweier Jahrgänge. Mit drei Jahren Flaschenreifung eignet er sich gut zum Trinken. Er ist von prächtiger, weicher Frucht und besitzt große Körperfülle, ist jedoch im Geschmack niemals überzogen oder schwer; er hat etwas Unwiderstehliches, und stets möchte man ein zweites, drittes und viertes Glas – das beste Zeichen für einen wirklich guten Champagner, der zu allen Gelegenheiten paßt. Der *Demi-Sec* ist in der Komposition mit dem *Brut* identisch,

Verzenay

80.000 Flaschen

★★ hervorragende Qualität

Tarte tatin (*Demi-Sec*), Seebarsch mit Fenchel

Grand Cru Brut

außer daß er aufgrund einer höheren *dosage* deutlich süßer ist; probieren Sie ihn zur Tarte tatin, der wunderbaren französischen Apfeltorte. Der ausgesprochen trockene *Brut Réserve* ist ein Verschnitt aus zwei Dritteln Pinot Noir und einem Drittel Chardonnay, wobei letzterer dieser Spitzencuvée Schwung und Prägnanz verleiht. Der Hauch von Strenge, der diesem Wein innewohnt, macht ihn zu einem idealen Getränk bei besonderen Fischgerichten wie z.B. gebratenem Seebarsch mit Fenchel.

Auf einer einsamen Insel wäre ein Arnould-Champagner der Wein meiner Wahl: Ich würde sofort den geladenen Revolver wegwerfen und gelassen darauf warten, daß am fernen Horizont ein Rettungsschiff auftaucht.

Pinot-Noir-Trauben

SORTEN
OHNE JAHRGANG
Grand Cru Brut
Grand Cru Demi-Sec
PRESTIGE
Grand Cru
Brut Réserve

Grand Cru Brut: ein Blanc de Noirs ▶

AYALA

Jahrgangsweine von Ayala sind unaufdringlich und für all jene geeignet, die Delikatesse den Vorzug vor Wucht geben.

Dieser einst berühmte Champagner ist heute ziemlich aus der Mode gekommen. Das Unternehmen wurde 1860 von Edmond d'Ayala, dem Sohn eines kolumbianischen Diplomaten, gegründet, der Gabrielle d'Albrecht, die Nichte des Vicomte de Mareuil, heiratete. Diese brachte einen Weinberg in Mareuil mit in die Ehe, der auf der *échelle des crus* (Wertskala der Weinlagen) auf 99 Prozent taxiert wird und sich heute noch im Besitz des unabhängigen *grande-marque*-Hauses befindet.

Ayala-Champagner sind von blasser Farbe, leicht und ausgesprochen trocken. Meiner Erfahrung nach ist der jahrgangslose *Brut* in der Qualität sehr unterschiedlich; eine im November 1993 in London verkostete Flasche schmeckte unreif, mager und durchschnittlich, eine zweite, zwei Monate später in Frankreich probiert, fein und schön. Der *Brut Rosé* (100 Prozent Pinot Noir) ist geradlinig, weich und rund, obwohl sich der Geschmack im Mund schnell verflüchtigt.

Die Jahrgangsweine gehören einer anderen Klasse an. Der 1985er ist ein echter Erfolg aus einem hervorragenden Weinjahr, der Nachgeschmack des hochwertigen Pinot Noir (70 Prozent der Traubenmischung) macht diesen

Ay
800.000 Flaschen
★ gute Qualität

Brut Rosé

Champagner zu einem köstlichen Wein, den aufzuspüren sich lohnt. Dem *Blanc de Blancs* von 1985 fehlt es nicht an Klasse, doch man sollte ihn bis 1995 aufbewahren, um die etwas zu starke Säure abzumildern. Die *Grande Cuvée*, ein Prestigewein, gegenwärtig ein 1985er, dem bald der 1988er folgen wird, ist ebenfalls für den Genuß noch ein wenig zu jung, doch seine latente Komplexität mit dem nussigen, vom Chardonnay beherrschten Geschmack wird noch zur Entfaltung kommen, wenn Sie Zeit, Platz und Geld genug haben, diesen Wein reifen zu lassen.

Der Weinberge von Ay

SORTEN

OHNE JAHRGANG

BRUT

ROSÉ

BRUT ROSÉ

JAHRGANGSCHAMPAGNER

BLANC DE BLANCS
(1985)

PRESTIGE

GRANDE CUVÉE
(1985, 1988)

Brut Rosé: Pinot Noir ▶

Barancourt

Mit dem Hause Barancourt ist eines der wenigen modernen Märchen verbunden, die in der hierarchischen Welt von Granden und Weinbauern der Champagne spielen: die Geschichte von unbedeutenden jungen Kerlen, die es zu großem Erfolg brachten.

Im Jahr 1966 taten sich drei Winzer aus Bouzy – Brice, Martin und Tritant – zusammen, um Champagner herzustellen und zu vermarkten. Später erweckten sie den berühmten Namen Barancourt wieder zum Leben und verwendeten ihn als ihre Markenbezeichnung. In den siebziger Jahren erwarben die Partner weitere Weinberge der Klasse *grand cru*, vor allem in Bouzy, Cramant und in der Aube. Heute bauen sie alle drei Champagnertrauben in einer Domäne von insgesamt nahezu hundert Hektar an. Der größte Teil ihrer Produktion, so auch der ganze Pinot Meunier, wird an andere Häuser verkauft; die Weine mit dem Barancourt-Etikett hingegen werden aus Pinot Noir und Chardonnay der Klasse *grand cru* hergestellt. Der Stil von Barancourt ist nur schwer zu bestimmen, da das Haus ein breites Spektrum anbietet. Man könnte sagen, es handelt sich um Champagner, die den festen, starken Charakter der Lagen besitzen, aus denen sie stammen.

Brut Réserve

Blanc de Blancs

Grand Cru Bouzy
Brut Rosé 1985

Grand Cru Bouzy
Brut 1985

Der jahrgangslose *Brut Réserve* ist ein gut strukturierter Wein (80 Prozent Pinot Noir), dessen hefiger Charakter jedoch die Frucht überlagert. Der jahrgangslose *Blanc de Blancs* ist leicht und ausgewogen, dennoch handelt es sich um einen schmucklosen, sehr jung schmeckenden Wein, dessen potentieller Chardonnay-Geschmack im Glas nur halb zur Geltung kommt (verkostet im Januar 1994). Der jahrgangslose *Brut Rosé* ist von kräftiger Farbe, fruchtig und hochwertiger als der teure, ziemlich schwere und komplexe *Grand Cru Rosé* von 1985. Die Jahrgangsweine, gegenwärtig 85er, sind annehmbar – die einlagigen *Bouzy* und *Cramant* sind einen Versuch wert –, bedürfen jedoch alle noch einer längeren Lagerung. Der Barancourt *Bouzy Rouge*, ein stiller Coteaux-Wein aus der Champagne, kann, sofern er aus großen Jahren wie 1982 oder 1985 stammt, köstlich sein. Der 1990er wird sensationell werden. Barancourt wurde 1994 an Vranken-Lafitte verkauft.

Bouzy
550.000 Flaschen
★ gute Qualität

SORTEN

OHNE JAHRGANG

BRUT RÉSERVE
BLANC DE BLANCS

ROSÉ

BRUT ROSÉ

JAHRGANGSCHAMPAGNER

BRUT (1985)
GRAND CRU
CRAMANT BRUT (1985)
GRAND CRU
BOUZY BRUT
BOUZY ROUGE,
COTEAUX CHAMPENOIS
(EMPFOHLENE JAHRGÄNGE:
1982, 1985)

PRESTIGE

GRANDE CUVÉE
(1985, 1988)

Brut Reserve o. J. ▶

Beaumet

Das 1878 in Pierry gegründete Unternehmen befindet sich heute im Besitz von Jacques Trouillard und residiert in prächtigen Gebäuden auf dem Gelände des schönen Malakoffparks in Epernay.

Das Unternehmen besitzt 80 Hektar Weinberge sowohl an der Côte des Blancs als auch oberhalb der Marne – die Prunkstücke sind 30 Hektar Chardonnay der Klasse *grand cru* in Avize, Cramant und Chouilly. So überrascht es nicht, daß hier der bei weitem beste Wein die *Cuvée Malakoff Blanc de Blancs* ist, die mindestens sieben Jahre gelagert wird; sowohl die 1982er als auch die 1985er sind erstklassige hundertprozentige Chardonnay-Champagner, goldgrün in der Farbe, nussig und geschmeidig, dennoch feingesponnen und mit langem Abgang. Überschattet vom Malakoff, sind die anderen

Rosé 1981

Brut 1981

Cuvée Malakoff

Blanc de Noirs 1981

Blanc de Blancs o. J.

Weine nur annehmbar (meist mit einem beträchtlichen Prozentsatz von Pinot Meunier) und für jene geeignet, die Aroma eher schätzen als Finesse. Der jahrgangslose *Brut* trinkt sich leicht; der *Rosé Brut* ist dunkelrosa mit der Fruchtigkeit dunkler Trauben; sowohl der mit Jahrgang versehene *Blanc de Noirs* als auch der *Brut* von 1985 sind vollmundig und weich.

Weinberge in Cramant an der Côte des Blancs

Epernay
1,5 Mio. Flaschen
★ gute Qualität

SORTEN

OHNE JAHRGANG
Brut

ROSÉ
Brut Rosé

JAHRGANGSCHAMPAGNER
Blanc de Noirs (1985)
Brut (1985)

PRESTIGE
Cuvée Malakoff
Blanc de Blancs
(empfohlene Jahrgänge
1979, 1981, 1982, 1985)

Blanc de Blancs ▶

BEAUMONT DES CRAYÈRES

Die 1955 gegründete Winzergenossenschaft hat heute 200 Mitglieder. Was die Qualität und das Preis-Leistungs-Verhältnis angeht, sind die Champagner von Beaumont des Crayères kaum zu schlagen.

Das Ungewöhnliche bei Beaumont des Crayères ist, daß die Weinberge der Genossenschaftsmitglieder im Durchschnitt nicht größer als einen halben Hektar sind. Dies erlaubt jedoch eine strenge Überwachung der reifenden Trauben, die von Jean-Paul Bertus, einem der besten Kellermeister, mit peinlicher Sorgfalt in einer modernen Kellerei zu Wein verarbeitet werden.

Die Finesse und das lebhafte Bukett der Beaumont-Champagner haben die Presse zu Lobeshymnen veranlaßt, insbesondere den maßgeblichen *Guide Hachette* in Frankreich und den einflußreichen *Wine Spectator* in Nordamerika. Die jahrgangslose *Cuvée Réserve Brut* wird zum größten Teil aus Pinot Meunier (50 Prozent) hergestellt, woraus sich das schön fruchtige Aroma mit einem Hauch von wilden Pilzen erklärt; sie ist geschmeidig und vollmundig, mit langem, dauerhaftem Abgang – ein außergewöhnlicher Champagner zu einem sehr vernünftigen Preis. Die *Cuvée Rosé Privilège*, auch sie in erster Linie aus Pinot Meunier zusammengesetzt, ist von würziger Frucht, obwohl sie für meinen

Rosé Privilège

Cuvée de Réserve

Cuvée Spéciale Nostalgie 1985

Geschmack ein wenig massiv und vordergründig wirkt. Die *Cuvée de Prestige*, die zu ungefähr gleichen Teilen aus den drei klassischen Champagnertrauben besteht, ist ein kräftiger Wein, der genügend Aroma besitzt, um ihn zu einem gebratenen Perlhuhn zu essen. Die *Cuvée Spéciale Nostalgie Millésimé* von 1985 (die in Kürze durch die 1987er ersetzt werden wird) ist ein reiner Chardonnay-Champagner, dessen beißende Säure und Mineralgeschmack an den Kreideboden erinnern, von dem er stammt.

Alte Chardonnay-Reben

- Mardeuil
- 240.000 Flaschen
- ★★ hervorragende Qualität
- gebratenes Perlhuhn

SORTEN

OHNE JAHRGANG

Cuvée Réserve Brut

ROSÉ

Cuvée Rosé
Privilège

PRESTIGE

Cuvée de Prestige
Cuvée Spéciale
Nostalgie (1985)

Cuvée Réserve Brut ▶

Albert Beerens

Als kleiner Winzer aus der Aube kultiviert Beerens einen sechs Hektar großen Weinberg mit 80 Prozent Pinot Noir und etwa 20 Prozent Chardonnay. Pinot Meunier baut er nicht an.

Beerens stellt nur zwei Champagner für den Export her. Der sehr ausgewogene *Brut* hat eine kräftige strohgoldene Farbe, eine lebhafte und doch feine *mousse* und einen runden Geschmack, der auf die drei bis vier Jahre Flaschenreife zurückzuführen ist, bevor er verkauft wird. Der *Brut Rosé* ist hervorragend. Der lachsrosafarbene, rassige Champagner mit wunderbar reinem Fruchtgeschmack besteht hauptsächlich aus Chardonnay, dem etwa sieben Prozent stiller roter Champagnewein beigefügt werden. Ein unschlagbares Getränk zu einem gegrillten Hummer, sofern man in Champagnerstimmung ist. Die außergewöhnliche Qualität dieser Weine beruht auf den wenig ergiebigen Reben des Unternehmens.

- Bar-sur-Aube
- 35.000 Flaschen
- hervorragende Qualität
- gegrillter Hummer

SORTEN

OHNE JAHRGANG

Brut

ROSÉ

Brut Rosé

Brut Reserve ▶

Paul Berthelot

Dieses seriöse kleine Champagnerunternehmen, das bereits 100 Jahre besteht, verwendet 95 Prozent der eigenen Trauben von seinen Weinbergen um Ay.

Die beiden Brüder, die das Unternehmen leiten, geben nur widerstrebend Informationen über sich preis, daher die Kürze dieser Beschreibung. Ihr *Brut Réserve* ist ein exzellenter jahrgangsloser Champagner, der mühelos viele sehr verbreitete Marken übertrifft. Seine schimmernde strohgoldende Farbe, die feinen Perlen und der cremige, langanhaltende Geschmack lassen darauf schließen, daß der Verschnitt aus einem hohen Anteil erstrangiger Pinot Noirs besteht. Außerdem bietet Berthelot einen fruchtigen, schön ausgewogenen *Rosé Brut* sowie die *Cuvée du Centenaire* 1983 (nicht verkostet). Berthelot-Champagner weisen, gemessen an ihrem Preis, hohe Qualität auf.

Dizy

150.000 Flaschen

★ gute Qualität

SORTEN

OHNE JAHRGANG

Brut Réserve

ROSÉ

Rosé Brut

PRESTIGE

Cuvée du Centenaire (1983)

Cuvée du Centenaire 1983 ▶

BILLECART SALMON

Der kleine Familienbetrieb, der zu den grande-marque-*Häusern gehört, wurde 1818 gegründet und ist eins der innovativsten Unternehmen, was die Technik der Weinherstellung angeht.*

Das Haus wurde von Nicolas-François Billecart gegründet, der eine Mademoiselle Salmon geheiratet hatte. Rasch eroberte Billecart überall auf der Welt Märkte für seine Weine. Doch 1830 verlor das Unternehmen durch einen inkompetenten amerikanischen Agenten, Mr. Meyer aus New York, 100 000 Goldfrancs (nach heutigem Wert etwa dreißig Millionen Dollar). Die Familie verschwand für nahezu hundert Jahre aus dem wirtschaftlichen Leben – bis 1926, als Charles Roland-Billecart das Unternehmen wieder auf eine solide wirtschaftliche Grundlage stellte. Er verkaufte die Weinberge der Familie, um den zunehmenden Absatz, den er seit dem Ende des Ersten Weltkrieges erreicht hatte, zu finanzieren. Sein Enkel François Roland-Billecart führt inzwischen das Unternehmen sehr effektiv weiter und dehnt die Produktion Jahr für Jahr langsam aus, ohne seinen Ruf hinsichtlich der Qualität zu gefährden.

Billecart legt großen Wert auf Finesse, obwohl die Delikatesse dieser Champagner täuscht, denn sie besitzen ein außergewöhnliches Reifepotential. Dies wird durch eine spezielle Gärungstechnik erreicht. Nach dem ersten Klärungsprozeß *(débourbage)* wird ein zweiter eingeleitet, indem der Most auf etwa 5° C abgekühlt wird. Dies bewirkt eine Filterung, wobei der Großteil der natürlichen Hefe beseitigt wird. Dann wird die Temperatur auf etwa 11 – 15° C erhöht, und der Wein gärt etwa 21 Tage langsam weiter. Eine

Das Haus Billecart Salmon in Mareil-sur-Ay

Oxidation des Mostes wird dabei vollkommen ausgeschaltet. Als Beweis, daß diese Champagner tatsächlich langlebig sind, mag die Tatsache dienen, daß ein 1959er Billecart 1991 immer noch springlebendig war.

Der hervorragende jahrgangslose *Brut*, der auf Pinot Noir beruht, ist fest und gut strukturiert, der *Blanc de Blancs*, ein Jahrgangschampagner (1985 ist ein ausgezeichnetes Jahr), der aus erstklassigem Chardonnay aus Cramant, Avize und Le Mesnil-sur-Oger besteht, ist zart und fein; ebenso der *Brut Rosé*, dessen blasse Lachsfarbe darauf zurückzuführen ist, daß eine kleinere Menge Rotwein als gewöhnlich beigefügt wird. Die *Cuvée Columbus*, ein Prestigechampagner, der sich aus den Jahrgängen 1986, 1985 und 1979 zusammensetzt, ist wunderbar.

- Mareuil-sur-Ay
- 500.000 Flaschen
- beste Qualität
- Beaufort-Käse

Jahrgangschampagner 1985

Blanc de Blancs 1985

Brut Rosé ►

SORTEN

OHNE JAHRGANG

BRUT

ROSÉ

BRUT ROSÉ

JAHRGANGSCHAMPAGNER

CUVÉE NICOLAS FRANÇOIS BILLECART (1986)
BLANC DE BLANCS (1985)
(1982 EBENFALLS ERHÄLTLICH)

JAHRGANGSCHAMPAGNER

CUVÉE COLUMBUS

Brut 1982

Cuvée N.F. Billecart Brut 1986

Brut Rosé

◀ *Brut*

Henri Billiot

Henri Billiot stellt von seinen zwei Hektar Pinot Noir der Klasse grand cru *eine winzige Menge Champagner der Spitzenklasse her.*

Die *Cuvée de Réserve* hat einen tiefen Geschmack und eine Wucht, die mir schier den Atem verschlug, als ich sie im Dezember 1993 probierte. Die *Cuvée de Réserve Rosé* ist ebenfalls von erstaunlicher Qualität; schließen Sie die Augen, und Sie glauben, einen großen, perlenden Burgunder zu trinken. Diese Weine werden strikt kontingentiert und sind nur schwer erhältlich.

Brut Rosé 1989

- Ambonnay
- 12.000 Flaschen
- beste Qualität

SORTEN
Cuvée de Réserve
ROSÉ
Cuvée de Réserve Rosé

Cuvée Laetitia ▶

H. Blin & Co.

Unter den unauffälligen einfachen Champagnern, die bei Blindproben besser sind als manche grandes marques, *ist dies ein Wein, den man sich merken sollte.*

H Blin & Co.« ist das Markenzeichen einer Genossenschaft, die 1947 in Vincelles, im Marnetal gegründet wurde. Die Mitglieder bauen 90 Hektar vornehmlich Pinot Meunier an, der in einer ultramodernen Kellerei gepreßt wird. Der *Brut Tradition* besteht ausschließlich aus dunklen Trauben (80 Prozent Pinot Meunier) – ein runder, fruchtiger Champagner mit einem mokkaartigen Aroma. Der berauschende rotfruchtige Geschmack des *Rosé* ist auf den Anteil an Pinot Meunier zurückzuführen.

Brut 1986

Vincelles
500.000 Flaschen
★ gute Qualität

SORTEN
OHNE JAHRGANG
Brut Tradition
ROSÉ
Brut Rosé

Brut Tradition ▶

Boizel

Die einzige Frau, die gegenwärtig ein Champagnerhaus führt, ist Evelyn Roques-Boizel, die 1984 die Leitung des im Familienbesitz befindlichen Unternehmens übernahm.

Bekanntermaßen haben einfallsreiche Frauen in der Champagnerbranche eine große Rolle gespielt – eine Tradition, die von Evelyn Roques-Boizel fortgeführt wird. 150 Jahre nach Gründung des Hauses durch Auguste Boizel, ihren Urgroßvater, wurde sie Chefin des Unternehmens und investierte sofort in eine neue *cuverie* an der Rue de Bernon in Epernay. In den letzten Jahren konnte sie die Jahresproduktion mit einer Million Flaschen mehr als verdoppeln. Boizel besitzt keine Reben, sondern kauft Trauben von Winzern aus 51 Weindörfern.

Boizel-Champagner sind lebhaft schäumende und sauber schmeckende Weine; sie haben vernünftige Preise, jedoch fehlt ihnen die Klasse und Komplexität der Produkte aus den besten Häusern. Der *Brut Réserve* (ohne

Der Boizel-Firmensitz in Epernay

Jahrgang) mit einem überwiegenden Pinot-Noir-Anteil (55 Prozent) ist ein einfacher, fruchtiger Wein; kaum zu glauben, daß er eine lange Flaschenreife hat, denn sein Aroma ist jung und erinnert an Äpfel. Der *Brut Rosé* ist um einiges besser, von klarer blasser Farbe mit einem belebenden, rassigen Geschmack; der *Guide Hachette* verlieh ihm 1989 den »Coup de Coeur«. Der *Brut Blanc de Blancs* (nicht verkostet) kam 1984 zur Feier des hundertfünfzigjährigen Firmenjubiläums wieder auf den Markt; das Etikett, eine Reproduktion aus dem Second Empire, ist ein Sammlerstück. Der *Grand Vintage* 1986 hat einen guten Schaum, ist zitronengelb-golden in der Farbe und fein, wenn auch kräftig.

Brut Réserve

Epernay	
1 Mio. Flaschen	
gute Qualität	

SORTEN

OHNE JAHRGANG

BRUT RÉSERVE
BRUT BLANC DE BLANCS

ROSÉ

BRUT ROSÉ

JAHRGANGSCHAMPAGNER

GRAND VINTAGE (1986)

PRESTIGE

»JOYAU DE FRANCE«

Brut 1986 ▶

Bollinger

Bollinger gehört zu den Großen in der Champagne, eine echte grande marque *mit einer stolzen Tradition, die bis ins 15. Jahrhundert zurückreicht, als die Familie Villermont erstmals Weinberge in Cuis an der Côte des Blancs erwarb.*

Seine Verbundenheit mit der Champagne ist Bollinger in den letzten fünf Jahrhunderten gut zustatten gekommen und macht sich besonders heute bezahlt. Das Unternehmen besitzt 140 Hektar Rebflächen, vornehmlich in erstklassigen Lagen um Ay auf der Montagne de Reims. Diese bringen ihm 70 Prozent seines Bedarfs, so daß eine beneidenswerte Kontinuität von Stil und Qualität des Hauses garantiert ist.

Das Haus wurde 1829 von Joseph Bollinger, einem gebürtigen Württemberger, und Paul Renaudin aus der Champagne gegründet. Renaudin verließ bald das Unternehmen, doch sein Name blieb bis in die sechziger Jahre dieses Jahrhunderts auf dem Etikett. Joseph Bollinger heiratete eine de Villermont, erweiterte das Unternehmen und gehörte 1865 zu den ersten Geschäftsleuten, die Champagner nach England exportierten. Hierbei

Der Hauptsitz von Bollinger in Ay

handelte es sich um einen extrem trockenen Champagner mit geringer *dosage* – im Gegensatz zu den Champagnern der meisten anderen Häuser, die seinerzeit süß waren. Bollinger wurde zum Lieblingschampagner des Prince of Wales, des späteren Königs Edward VII. 1870 exportierte Joseph Bollinger seine erste Schiffsladung in die Vereinigten Staaten.

Während des Zweiten Weltkriegs übernahm Madame Lily Bollinger, eine bemerkenswerte Frau, die Leitung des Unternehmens, nachdem ihr Mann Jacques, ein Enkel Joseph Bollingers, gestorben war. Madame Bollinger mußte drei Jahre der Besatzung durch die Deutschen erdulden. Als kein Benzin mehr zur Verfügung stand, machte sie zu Fuß oder auf dem Fahrrad ihre Runden durch die Weinberge. Und trotz der vollständig dezimierten Arbeitskräfte produzierte und verkaufte sie weiterhin Champagner. Während der Bombardierung durch die Alliierten und während des amerikanischen Vorstoßes am 10. August 1944, bei dem die Stadt Ay zu einem Drittel zerstört wurde, verbrachten sie und ein Diener, der ihr als einziger geblieben war, die Nächte in den Weinkellern. Nach dem Krieg erwarb sie erstklassige Weinberge in Ay, Grauves, Bisseuil und Champvoisy, womit sie den Besitz Bollingers auf den gegenwärtigen Stand vergrößerte. Bis weit in ihre siebziger Jahre hinein fuhr »Tante Lily«, wie sie in der Familie genannt wurde, mit ihrem Fahrrad durch die Weinberge – ein vertrauter Anblick. Innerhalb von knapp vierzig Jahren verdoppelte sie den Absatz Bollingers auf eine Million Flaschen im Jahr.

Nach dem Tod von Madame Bollinger im Jahre 1977 ging die Leitung des Unternehmens an ihren Neffen Christian Bizot über. Bizot ist ein klar denkender, eloquenter Mann, der sich einerseits der Qualität verschrieben hat, andererseits aber auch ohne jegliche Sentimentalität erkennt, daß auf dem internationalen Markt der neunziger Jahre vom Konsumenten keine besonders guten Kenntnisse hinsichtlich des Champagners zu erwarten sind.

Madame Lily Bollinger

Als Antwort auf die ernste Kritik an der Qualität des Champagners in einer Zeit zunehmender Konkurrenz unter den besseren Schaumweinen veröffentlichte Bizot 1991 eine Denkschrift, in der die Technik der Weinherstellung bei Bollinger bis ins kleinste Detail dargelegt wird.

Der wichtigste Faktor hierbei ist die Verwendung von Trauben höchster Qualität. Die Weinberge des Unternehmens werden zu 60 Prozent als *grand cru* und zu 30 Prozent als *premier cru* eingestuft. Bollinger behält nur den Saft aus den ersten Pressungen (die *cuvée*) und verkauft die zweiten Pressungen an Unternehmen, die billigen Champagner herstellen. Die hohe Qualität des Mostes ermöglicht Bollinger die Gärung der Jahrgangsweine in Holzfässern. Dadurch erhalten die Weine einen unverwechselbaren, robusten Stil – im Gegensatz zu jenen Champagnern, die in Edelstahlfässern vergoren werden. Bollinger besteht darauf, daß ein großer Champagner lange Zeit auf dem Hefesediment (dem Nebenprodukt der Gärung) bleiben muß, damit er Persönlichkeit und Komplexität entwickeln kann. Jahrgangslose Champagner reifen mindestens drei Jahre (das gesetzlich festgelegte Minimum beträgt zwölf Monate), Jahrgangsweine fünf und Jahrgangscuvées der Luxusklasse acht Jahre.

Die *Special Cuvée* (60 Prozent Pinot Noir, 25 Prozent Chardonnay und 15 Prozent Pinot Meunier) ist ein jahrgangsloser Wein, der in Edelstahlfässern vergoren wird, um die malolaktische Gärung, einen Prozeß, bei dem der Wein weicher und runder wird, zu kontrollieren. Die *Special Cuvée* ist ein körperreicher, fester und trockener Champagner mit großartiger Pinot-Noir-Frucht und einem langanhaltenden Geschmack am Gaumen; sie gehört zu jenen schweren Schaum-

- Ay
- 1,5 Mio. Flaschen
- beste Qualität, die erhältlich ist
- Rindercarpaccio

Vieilles Vignes Françaises 1986 ▶

RD 1982

Grande Année 1985

Rosé 1985

Bollinger Special Cuvée

SORTEN

OHNE JAHRGANG

SPECIAL CUVÉE

JAHRGANGSCHAMPAGNER

GRANDE ANNÉE (1985)
ROSÉ (1985)

PRESTIGE

ANNÉE RARE RD (1982)
(ÄLTERER EMPFOHLENER JAHRGANG: 1975)
VIEILLES VIGNES FRANÇAISES (1985)

weinen, von denen man vor dem Essen nur ein oder zwei Gläser trinken möchte. Der 1985er *Grande Année* (62 Prozent Pinot Noir, 35 Prozent Chardonnay, 3 Prozent Pinot Meunier) hat eine feine *mousse* aus winzigen Perlen, einen tiefen Geschmack von Pinot Noir der Klasse *grand cru* (der durch die Finesse des hohen Chardonnay-Anteils gemäßigt wird) und einen unglaublich langanhaltenden Geschmack am Gaumen. Er wird sich bis zu den Jahren 1998–2000 noch verbessern. Der 1982er *Année Rare* R.D. (récemment dégorgé – vor kurzem degorgiert) wird drei Jahre länger auf dem Sediment gelassen als der *Grande Année*, um einen ausgeprägteren Stil zu erreichen. Der 1982er hat einen schönen Geruch von reifer, roter Frucht, jedoch einen weinigen (weniger fruchtigen) Geschmack von großer Komplexität, der lange anhält.

Bollinger-Champagner kommen beim Essen besonders gut zur Geltung.

Bricout

Das Haus, 1820 gegründet und bis vor kurzem noch unter dem Namen Bricout & Koch bekannt, produziert hauptsächlich Chardonnay-Weine mit einem sauberen, modernen Stil.

Im Jahre 1820 begann Karl Koch, ein junger Deutscher aus Heidelberg, in Avize mit der Champagnerherstellung. Seine Söhne gingen eine Partnerschaft mit Arthur Bricout, einem ehemaligen Kellermeister bei de Venoge, ein, der in den siebziger Jahren des 19. Jahrhunderts die beiden Familienunternehmen zusammenführte.

Die Champagner waren zunächst vor allem in Deutschland verbreitet, doch seit 1979 hat sich aufgrund einer großen Finanzspritze durch den Racke-Konzern der Kundenkreis erweitert, insbesondere unter den französischen Restaurants. Die Weine sind inzwischen mit dem Etikett Bricout versehen.

Carte D'Or Brut Prestige

Carte Noir Brut o. J.

Millésimé Brut 1985

Carte D'Or Brut Prestige ▶

Man muß gut auswählen, um die besten Cuvées herauszufinden. Der viel verkaufte *Carte Noir Brut* ist lebendig und fruchtig, schmeckt jedoch jung. Der *Carte d'Or Brut Prestige* hat weitaus mehr Klasse mit einem vorherrschenden Geschmack nach ausgereiftem Chardonnay und einem weichen, abgerundeten Abgang. Der 1985er *Élégance de Bricout* macht seinem Namen alle Ehre, hat eine elegante zitronige Farbe, einen eleganten, feinen Geschmack und einen Hauch Säure, die garantiert, daß er sich noch mehrere Jahre in der Flasche verbessern wird. Der jahrgangslose *Rosé Brut* (80 Prozent Chardonnay) ist sehr hell in der Farbe, und seine etwas strenge Trockenheit ist vielleicht nicht jedermanns Sache. Der *Brut Millésimé* 1985 mit seinem hohen Anteil an Pinot Noir (60 Prozent) ist, obwohl recht füllig und rund, nicht so aufregend wie die auf Chardonnay basierenden Weine des Hauses.

Avize
2,8 Mio. Flaschen
★ gute Qualität

SORTEN

OHNE JAHRGANG
Carte Noire Brut

JAHRGANGSCHAMPAGNER
Millésimé Brut (1985)

ROSÉ
Rosé Brut

PRESTIGE
Carte d'Or Brut Prestige
Élégance de Bricout (1985)

◄ Élégance de Bricout 1985

Canard-Duchêne

Ein großer Hersteller preiswerter Champagner mit einem durchschnittlichen Jahresabsatz von drei Millionen Flaschen.

Canard-Duchêne, gegründet 1868, steht heute im Schatten der Firma Veuve Clicquot, die 1978 das Unternehmen kaufte.Gleichwohl ist Canard-Duchêne ein wichtiger Champagnerlieferant für den französischen Markt geblieben. Der Standard-*Brut* ist nicht zu empfehlen; ich habe ihn im November 1993 sowie im Februar 1994 probiert, und er hatte beide Male eine verdächtig tiefe Tönung und einen rauhen Geschmack. Die Jahrgangsweine hingegen sind vollkommen in Ordnung, werden aber leider nur in sehr kleinen Mengen hergestellt. Der *Patrimoine* 1988 hat ein angenehm hefiges Aroma und ist am Gaumen schön ausgewogen, während der Prestigechampagner *Cuvée Charles VII* voll und sinnlich ist. Der Standard-*Brut*, der als das Aushängeschild des Hauses in seinem gegenwärtigen Erscheinungsbild eher peinlich wirkt, bedarf noch eingehender Zuwendung.

- Ludes
- 3 Mio. Flaschen
- durchschnittlich

SORTEN

OHNE JAHRGANG

Brut

JAHRGANGSCHAMPAGNER

Patrimoine (1988)

PRESTIGE

Cuvée Charles VII

Patrimoine Brut 1985 ▶

A. Charbaut

Charbaut ist auf allen Ebenen der Champagnerherstellung ein Qualitätsbetrieb – ein Champagnerhaus, das weitere Beobachtung verdient.

Das 1948 gegründete Familienunternehmen wird inzwischen von René und Guy Charbaut gemeinsam mit Guys Schwiegersohn Jean-Pierre Abiven geleitet. In den letzten Jahren erfuhr das Unter-nehmen eine starke Ausdehnung und besitzt heute 58 Hektar Weinberge der Klassen *premier cru* und *grand cru*, die auf der *échelle des crus* zwischen 95 und 100 Prozent liegen. Außerdem hat Charbaut eine Option auf den Kauf von Land im Bundesstaat New York, denn langfristig zielt die Firma auf die Herstellung

Certificate Blanc de Blancs 1985

Brut Réserve

Blanc de Blancs

Rosé Brut

Millésime 1987

eines amerikanischen Schaumweins ab, der in ähnlich kühlem Klima wie dem der Champagne wächst.

Der jahrgangslose *Brut Réserve* wird aus einer strengen Auswahl von Weinen der eigenen Rebflächen hergestellt und ist ein Verschnitt aus einem Drittel Chardonnay und zwei Drittel Pinot Noir: ein komplexer, eleganter Champagner mit tiefem Geschmack, dessen erlesener Stil darauf zurückzuführen ist, daß er vier Jahre auf dem Sediment reift, bevor er degorgiert wird. Der jahrgangslose *Blanc de Blancs* ist außergewöhnlich. Seine feine *mousse* und der hervorragende Duft und Geschmack sind gleichzeitig raffiniert und voller Charakter. Der 1985er *Certificate Blanc de Blancs* ist ein bemerkenswert reichhaltiger und ausgereifter Wein, der aus den besten reifen Chardonnay-Trauben eines für *Blanc de Blancs*-Champagner herausragenden Jahrgangs gekeltert wurde. Die 1985er Jahrgangs-Cuvée erschien mir bei den wenigen Gelegenheiten, da ich sie kosten durfte (zuletzt im Dezember 1993), verschlossen und in sich gekehrt und sollte wahrscheinlich nicht vor 1995 getrunken werden.

Epernay

1,5 Mio. Flaschen

★★ hervorragende Qualität

SORTEN

OHNE JAHRGANG

Brut Réserve

Blanc de Blancs

ROSÉ

Rosé Brut

JAHRGANGSCHAMPAGNER

Certificate Blanc de Blancs (1985)

Certificate Blanc de Blancs aus der überragenden Ernte 1985 ▶

Veuve Clicquot-Ponsardin

Die legendäre Nicole-Barbe Clicquot (geborene Ponsardin) war die begabteste unter den Champagnerwitwen. Nach dem Tode ihres geliebten Gatten im Jahre 1805 überwand diese entschlossene Frau, die damals gerade 27 Jahre alt war, ihren Kummer, indem sie das Familienunternehmen unter dem Namen Veuve Clicquot-Ponsardin neu formierte.

Madame Clicquot wandte sich von den preisbewußten französischen und britischen Händlern ab und suchte in Osteuropa nach neuen Kunden. Heinrich Bohne, ein brillanter Verkäufer, wurde nach St. Petersburg geschickt, und im Jahre 1814 durchbrach das Unternehmen eine Blockade der Alliierten, um seinen Jahrgangschampagner (1811) an den russischen Hof zu bringen. Von da an war Rußland einer der wichtigsten Märkte für Clicquot, den es für die nächsten fünfzig Jahre beherrschen sollte. Die Witwe besaß ein gutes Gespür für große Talente. Ihr *chef de caves,* Antoine Muller, perfektionierte 1818 die Technik der *remuage*, und Edouard Werlé, ihr Geschäftsführer, bewahrte sie vor dem Druck der Gläubiger, als 1828 die Pariser Bankiers des Unternehmens bankrott gingen und er in diesem Zusammenhang sein eigenes Vermögen verpfändete. Nachdem die dankbare Madame Clicquot Werlé zu ihrem Geschäftspartner gemacht hatte, etablierte er die Marke auf dem Weltmarkt. Als die Witwe 1866 im Alter von fast 89 Jahren starb, war der Jahresabsatz auf drei Millionen Flaschen gestiegen. Ebenfalls mit großem Geschick führte

Jacques Peters – Technischer Direktor bei Veuve Clicquot

fünfzig Jahre lang Comte Bertrand de Mun, ein Nachfahre Werlés, das Unternehmen. Seit Ende der siebziger Jahre dieses Jahrhunderts ist Clicquot in die unpersönliche Welt der Übernahmen und Fusionen eingetreten, hat die Kontrolle über Canard-Duchêne übernommen und ist eine Verbindung mit dem Konzern Louis Vuitton-Moët-Hennessy (L.V.M.H.) eingegangen.

Veuve Clicquot verfügt über eine der größten Weinanbauflächen der Champagne. Diese herrlichen, 285 Hektar umfassenden Rebflächen waren im wesentlichen das Werk der Witwe Clicquot – was Bände über ihre Klugheit und Geschicklichkeit spricht. Sie verteilen sich gleichmäßig über die klassischen Weinanbaugebiete und umfassen eine große Anzahl von *grands crus* wie Avize, Cramant, Oger und Le Mesnil an der Côte des Blancs sowie Ambonnay, Verzenay und Bouzy auf der Montagne de Reims. Doch diese Weinberge decken nur ein Drittel des Bedarfs. Wie die meisten großen Häuser mit grundsolidem Ruf ist auch Clicquot ein wichtiger Abnehmer von Pinot-Meunier-Trauben für seine jahrgangslosen Cuvées.

Clicquot produziert seine Weine auf hochmoderne Weise. Alle Weine werden in Edelstahlfässern vergoren, deren Fassungsvermögen je nach Herkunft des Mostes variiert. Seit 1961 wurde kein Holzfaß mehr verwendet. Der Stil der Weine hat sich in den letzten Jahren verändert, meiner Ansicht nach zum Besseren hin; obwohl immer noch von tiefem Geschmack und von dunklen Trauben beherrscht, sind sie doch frischer und weniger oxidiert als früher, und die reine Frucht steht im Vordergrund. Dies geht jedoch nicht auf Kosten der Komplexität, da bei den Verschnittweinen ein bemerkenswert hoher Anteil von Reserveweinen beigemischt wird und die fertigen Champagner vor dem Verkauf lange in der Flasche reifen. Dies ist vor allem Joseph Henriot, bis 1994 Chef von Clicquot, und Jacques Peters, seinem peinlich genauen technischen Direktor, zu verdanken, obwohl ihre Entscheidungen immer von einem aus

La Grande Dame Cuvée Prestige ▶

La Grande Dame 1985

Brut Rosé 1983

Direktoren und Managern bestehenden Verkostungsausschuß kontrolliert werden.

Der jahrgangslose *Brut* mit seinem unverwechselbaren gelben Etikett ist gegenwärtig wieder auf dem richtigen Weg. Das würzige und an reife rote Früchte erinnernde Aroma kommt durch den dominierenden Pinot Noir (56 Prozent), einen guten Anteil von Pinot Meunier (etwa 16 Prozent) und zahlreiche Reserveweine zustande; dennoch ist er frisch und klar, was auf den mildernden Einfluß von Chardonnay (28 Prozent) zurückzuführen ist. Dem 1985er *Réserve Brut* mit dem goldfarbenen Etikett habe ich bei einer Weinprobe von *grande-marque-Champagnern* im Jahre 1993 die höchste Punktzahl gegeben; er ist üppig und doch geschmeidig mit einem schönen Haselnußbukett. Die Prestigecuvée *La Grande Dame* gehört fast immer zu den besten drei oder vier Luxuschampagnern, die auf dem Markt sind; die 1985er ist ein Meisterwerk an ausgereifter, dem Gaumen schmeichelnder Fülle und fehlerloser Ausgewogenheit. Der mit Jahrgang versehene *Rosé* hat seine Anhänger, zu denen ich allerdings nicht gehöre.

SORTEN

OHNE JAHRGANG

Brut »Yellow Label«

JAHRGANGSCHAMPAGNER

Réserve (1985)
Rosé mit Jahrgang

PRESTIGE

La Grande Dame
(1985)

Reims
10 Mio. Flaschen
★★ hervorragende Qualität

André Clouet

Champagner von Clouet spiegeln den besonderen Charakter der hervorragend gelegenen Pinot-Noir-Weinberge wider, die auf der échelle des crus *alle bei 100 Prozent liegen.*

Die neun Hektar umfassende Rebfläche an den besten Hängen von Bouzy und Ambonnay wird von dem arbeitsamen und aufgeschlossenen Ehepaar Pierre und Françoise Santz-Clouet geführt. Die schmuckreichen *Ancien-Régime*-Etiketten des Hauses sind zweifellos eine nostalgische Reminiszenz an den Gründer des Weingutes, einen Drucker am königlichen Hof von Versailles während der Herrschaft Ludwigs XV.

Der *André Clouet Grand Cru Brut Réserve*, ein großer, reichhaltiger Pinot-Noir-Champagner, besitzt die für Bouzy typische Weinigkeit. Der aus einer Auswahl erster Traubenpressungen (*tête de cuvée*) hergestellte Wein ist lange auf dem Sediment gereift, bevor er degorgiert wird, was zu seiner Komplexität und einem langanhaltenden Abgang beiträgt. Der *Grand Cru Rosé* ist ein typischer Winzerwein im besten Sinne und von voller, an Erika erinnernder Farbe. Aus dem Glas steigt vor allem ein Pinot-Noir-Aroma auf; trotz der lebhaften Perlage ist die Ausgewogenheit zwischen Frucht und Geschmack am Gaumen hervorragend. Der 1989er *Grand Cru Brut* ist der beeindruckende Erfolg eines sehr reifen Jahres. Der Geschmack ist rund und füllig, dank der schönen Säure aber nicht plump oder überzogen.

Bouzy ist berühmt für seinen stillen Rotwein aus 100 Prozent Pinot Noir. Doch damit dieser richtig zur Geltung kommt, bedarf es eines sonnenreichen Jahres. 1988 war ein solches Jahr, und der Clouet-Wein ist ein erstklassiges Beispiel: von intensiv rubinroter Farbe, mit einem Aroma, das an Himbeeren erinnert, und einem fleischigen und doch eleganten Geschmack. Außerdem eignet sich dieser Wein für verschiedenste Speisen wie Nudelgerichte, gegrillten Fisch oder Käse.

Grand Cru Rosé

SORTEN

OHNE JAHRGANG	ROSÉ
Grand Cru Brut Réserve	Grand Cru Rosé

JAHRGANGSCHAMPAGNER

Grand Cru Brut (1989)

STILLER WEIN

Bouzy Rouge (1988)

Grand Cru Brut 1989

Bouzy Rouge

- Bouzy
- 60.000 Flaschen
- ★★ hervorragende Qualität
- Bouzy Rouge zu Pasta, gegrilltem Fisch, Käse

◄ *Grand Cru Rosé (Pinot Noir)*

De Castellane

1895 von einem provenzalischen Adeligen gegründet, hat de Castellane eine großartige Vergangenheit vorzuweisen. Gleichsam als Symbol hierfür erscheint der bizarre Zinnenturm, der die Silhouette von Epernay beherrscht.

Bis Mitte der achtziger Jahre dieses Jahrhunderts gehörte de Castellane zu den wenigen Champagnerherstellern, die einen hohen Prozentsatz ihrer Weine in großen Eichenfässern vergären. Inzwischen besitzt Laurent-Perrier einen Mehrheitsanteil an dem Unternehmen, es werden moderne Herstellungsmethoden eingeführt, und die Weine sind um einiges leichter geworden als früher.

Angesehene Kritiker wie Robert Parker schätzen diese Champagner hoch ein, was mich ein wenig irritiert, da mir das Sortiment als arg bunte Mischung erscheint. Der von Pinot Noir und Pinot Meunier beherrschte jahrgangslose *Brut Croix Rouge de Saint André,* der 70 Prozent des Firmenabsatzes ausmacht, ist im Preis nicht zu hoch, schmeckt jedoch häufig rauh und unfertig und hat eine überdurchschnittlich hohe *dosage*. Der *Rosé Brut* ist ebenfalls nicht gerade aufregend. Der *Brut* von 1986, ein annehmbarer Wein mit feiner Perlage, hat einen runden, reifen Geschmack. Die *Cuvée Royale Chardonnay*, gekeltert aus Trauben von Cramant, Oger und Le Mesnil-sur-Oger, ist fein, delikat und reif; die mit Jahrgang versehene *Cuvée Commodore*

Der Zinnenturm von De Castellane in Epernay

wird nach sehr traditionellen Methoden hergestellt, so zum Beispiel unter Verwendung eines mit Klammern befestigten Korkens anstatt eines Kronverschlusses bei der zweiten Gärung in der Flasche. Das Aroma des 1986ers ist nussig und honigähnlich, der Geschmack breit und vollmundig mit einer Note exotischer Früchte. Die 1982er *Cuvée Florens de Castellane* ist ein hundertprozentiger Chardonnay auf dem Höhepunkt seiner Reife.

Brut Croix Rouge de Saint André

Epernay

1,5 Mio. Flaschen

★ gute Qualität

SORTEN

OHNE JAHRGANG

BRUT CROIX ROUGE DE SAINT ANDRÉ

CUVÉE ROYALE CHARDONNAY

ROSÉ

ROSÉ CROIX ROUGE DE SAINT ANDRÉ

JAHRGANGSCHAMPAGNER

BRUT CROIX ROUGE DE SAINT ANDRÉ (1986)

CUVÉE COMMODORE (1986)

PRESTIGE

CUVÉE FLORENS DE CASTELLANE (1982)

◀ *Florens de Castellane 1982*

Charles de Cazanove

Das 1811 von Charles de Cazanove in Avize gegründete Unternehmen erlebt eine neue Blüte, seitdem die lombardische Familie es 1985 von Moët-Hennessy übernahm.

Viel Geld ist in moderne Technologie investiert worden, und der Stil des Hauses tendiert zu vollen, fruchtigen Champagnern ohne jegliche Kargheit. Der von Pinot Noir dominierte *Brut Classique* ist ein Wein mit vollem Körper, lebhafter Perlage und primärem Aroma nach roter Frucht; der *Brut* von 1985 ist von gleicher Güte, obwohl die längere Reifung und die höherwertigen Trauben (zum größten Teil Pinot Noir) diesem Wein erwartungsgemäß eine höhere Konzentration und einen nachhaltigeren Geschmack geben. Beim *Brut Azur* hat der Chardonnay die Oberhand. Als ich ihn probierte (Januar 1994), hatte er eine überraschend tiefe, ausgeprägte Farbe, und die Perlage nahm rasch ab – vielleicht handelte es sich um eine Montagsflasche. Der *Brut Rosé* hat eine tief lachsrosa Farbe und ist, dem Stil des Hauses entsprechend, von kraftvoller Fruchtigkeit. Der Prestigechampagner *Stradivarius, Tête de Cuvée, Brut 1985* (nicht verkostet) besteht aus 70 Prozent Chardonnay und 30 Prozent Pinot Noir.

- Epernay
- 1,9 Mio. Flaschen
- ★ gute Qualität

Brut 1985 ▶

SORTEN

OHNE JAHRGANG

Brut Classique
Brut Azur

ROSÉ

Rosé Brut

JAHRGANGSCHAMPAGNER

Brut (1985)

PRESTIGE

Stradivarius, Tête de Cuvée, Brut (1985)

Stradivarius Tête de Cuvée 1985

Brut 1985

Brut Azur

Rosé Brut

Guy de Chassey

Bis zu seinem Tod im Juni 1993 leitete Guy de Chassey dieses sehr kleine Unternehmen selbst. Seitdem halten seine Töchter Marie-Odile und Monique das Banner der Qualität hoch.

Die Schwestern De Chassey stellen einen hervorragenden körperreichen Champagner aus eigenem Anbau ohne Zukauf her. Der vornehmlich aus Pinot-Noir bestehende Verschnitt basiert auf den (auf 100 Prozent taxierten) Trauben von ihren *grand-cru*-Weinbergen in Louvois. Beim *Grand Cru Brut* handelt es sich in der Regel um einen einzigen Jahrgangswein, dem bisweilen Reserveweine beigefügt werden. Manchmal stellt Guy de Chassey Weine her, die als Jahrgangsweine etikettiert werden. Diese sind im allgemeinen später degorgiert worden als die Verschnitte ohne Jahrgang.

Grand Cru Brut

⊕	Louvois
🍷	40.000 Flaschen
★★	hervorragende Qualität

SORTEN

OHNE JAHRGANG

Grand Cru Brut

Grand Cru Brut (Louvois monocru) ▶

De Venoge

Das Haus De Venoge, 1837 gegründet, hat seinen Sitz auf einem weitläufigen Grundstück an der Avenue de Champagne in Epernay. Die Weine hingegen gelten als durchschnittlich und handwerklich gut gemacht.

Anfang der achtziger Jahre dieses Jahrhunderts wurde de Venoge zum Spielball der großen Konzerne, und seine Bestände gingen stark zurück. Doch seit dem Eintritt von Thierry Mantoux, einem innovativen Verkaufschef, der 1986 Hauptgeschäftsführer wurde, hat sich die Qualität des Hauses stetig verbessert. Es bietet heute hübsch verpackte, leicht zu trinkende Champagner in vornehmlich fruchtigem Stil für jedermann. Und obwohl de Venoge nur gelegentlich die Spitze der Qualitätsskala erreicht, sind die aus diesem Haus stammenden Flaschen nicht zu verachten.

Der *Cordon Bleu Brut* ist ein geradliniger Champagner voll primärer Pinot-Noir-Frucht, obwohl nicht wirklich trocken (vielleicht aufgrund einer hohen *dosage*). Der *Blanc de Noirs* (100 Prozent Pinot Noir), ein schmeichelnder, anspruchsloser Wein, erscheint mir für seine Zusammensetzung ein wenig leicht.

Princesse Rosé

Blanc de Noirs Brut

SORTEN

OHNE JAHRGANG

Cordon Bleu Brut
Blanc de Noirs

JAHRGANGSCHAMPAGNER

Brut (1986)
Blanc de Blancs (1983)

ROSÉ

Princesse Rosé

PRESTIGE

Champagne des Princes Blanc de Blancs (1985)

Der *Brut* von 1986 hat einen vollen, ausgeprägten und reifen Geschmack sowie ein gewisses Maß an Komplexität; auch er scheint aber eine ziemlich hohe *dosage* zu haben. Ohne Zweifel die besten Champagner sind die verschiedenen *Blanc de Blancs*, insbesondere der mit Jahrgang 1983 versehene, der mild und ausgereift, aber dennoch springlebendig ist. Nicht probiert habe ich den *Champagne des Princes Blanc de Blancs* 1985, der vom *Guide Hachette* hoch eingeschätzt und als »reichhaltig, frisch, leicht rauchig, sehr fruchtig sowie stattlich und lang anhaltend« beschrieben wird. Der *Princesse Rosé* ist eine Neuschöpfung, hat eine ganz blaßrosa Farbe und wird aus Chardonnay hergestellt.

- Epernay
- 1,2 Mio. Flaschen
- ★ gute Qualität

Blanc de Blancs 1983

De Venoge Cordon Bleu

Vintage Brut 1986 ▶

DELAMOTTE

Das sechstälteste, 1760 gegründete Champagnerhaus hat seinen Sitz auf einem schönen Grundstück aus dem 18. Jahrhundert in Le Mesnil-sur-Oger an der Côte des Blancs.

Das kleine Unternehmen, das unter Kennern einen großen Ruf genießt, war lange Partner von Lanson und ist seit 1948 im Besitz der Familie de Nonancourt von Laurent-Perrier. Delamotte verfügt über fünf Hektar Chardonnay der Klasse *grand cru* in Le Mesnil. Diese Rebfläche liefert nur etwa ein Fünftel des Bedarfs, doch orientieren sich daran nahezu alle Champagner

Le Mesnil-sur-Oger
200.000 Flaschen
★★ hervorragende Qualität

Brut

Wappen von Delamotte

des Sortiments, die vom Chardonnay geprägt, fein, frisch und langlebig sind. 1989 erwarb Laurent-Perrier Salon, ein noch kleineres Unternehmen als Delamotte, das jedoch den großartigsten aller *Blanc de Blancs* produziert. Delamotte und Salon – unmittelbare Nachbarn in Le Mesnil – stehen unter Leitung von Bertrand de Fleurian.

Der jahrgangslose *Brut* (halb Chardonnay, halb dunkle Trauben) hat eine sehr feine Perlage, einen Hauch von Aprikose im Aroma und einen sehr frischen und doch runden Geschmack. Der *Brut Rosé* ist der einzige Wein, der nur aus Pinot Noir hergestellt wird (100 Prozent); sein Geschmack erinnert an Himbeeren. Der jahrgangslose *Blanc de Blancs* ist von blasser Farbe, sehr trocken, frisch und rassig, besitzt jedoch eine schmeichelnde Fülle im Nachgeschmack. Der 1985er *Blanc de Blancs* ist ein großer, kräftiger Wein mit Pfirsichduft; sehr tief und noch jung im Geschmack; er sollte bis mindestens 1995 aufbewahrt werden. Der Spitzenchampagner *Nicolas Louis Delamotte*, obwohl offiziell ein jahrgangsloser Wein, stammt zum größten Teil aus der Ernte 1982 – das Paradebeispiel eines reifen, aber noch frischen *Blanc de Blancs*, der noch wenigstens zehn Jahre vor sich hat.

SORTEN

OHNE JAHRGANG

Brut
Blanc de Blancs

ROSÉ

Brut Rosé

JAHRGANGSCHAMPAGNER

Blanc de Blancs (1985)

PRESTIGE

Nicolas Louis Delamotte

Brut: zur Hälfte Chardonnay, zur Hälfte dunkle Trauben ▶

DELBECK

Das Haus wurde 1832 von Frederick Delbeck gegründet und produziert immer noch einen erstklassigen Champagner in vollmundig fruchtigem, geschmeidigem und doch komplexem Stil.

Frederick Delbeck fand rasch Zugang zu den alteingesessenen Champagnerherstellern des 19. Jahrhunderts, indem er Balsamie Ponsardin, die Nichte der großen Witwe Clicquot heiratete. 1838 wurde Delbeck zum Champagner des Königshauses Bourbon erwählt: König Louis-Philippe bezeichnete ihn als den erlesensten Schaumwein, den er je getrunken habe. Anfang der sechziger Jahre dieses Jahrhunderts verschwand die Marke für dreißig Jahre vom Markt. Erst 1993 erwarb Marquis François d'Aulan das Unternehmen mit der Absicht, wieder in das Champagnergeschäft einzusteigen, nachdem er vier Jahre zuvor seine Anteile an Piper-Heidsieck an den Rémy-Martin-Konzern verkauft hatte.

Die Schlüsselfaktoren für die Qualität der Delbeck-Champagner sind die 4,2 Hektar umfassenden Weinberge der Klasse *grand-cru* in Verzenay auf der Montagne de Reims sowie Reserveweine aus mehr als sechs Verkaufsjahren. Und durch Jacques Gauthier, der vierzig Jahre lang *chef de caves* bei

Historisches Plakat von Delbeck

Delbeck war und nun beratend für das Unternehmen tätig ist, konnte die Kontinuität im Fachwissen gewahrt werden.

Der *Brut Héritage* (ohne Jahrgang) setzt sich aus 70 Prozent Pinot Noir und 30 Prozent Chardonnay zusammen, davon bis zu 20 Prozent Reserveweine: ein schön komponierter Champagner, stark fruchtig, aber geschmeidig, von vorbildlicher Ausgewogenheit zwischen Körper und Finesse und mit einem reinen, langanhaltenden Abgang. Der *Brut Héritage Rosé*, mit einem Hauptanteil Pinot Noir, bei dem 20 Prozent nach traditioneller Methode auf der Traubenschale vergoren werden, hat eine pastellrosa Farbe und Raffinesse. Der *Brut* von 1985 (65 Prozent Pinot Noir, 35 Prozent Chardonnay) ist ein schlafender Riese, ein Wein mit prachtvollem Potential, viel Geschmackstiefe und lebenspendender Säure. Er sollte bis mindestens 1995 gelagert werden und wird im Jahre 2000 ein köstliches Getränk sein.

Delbeck Brut Vintage 1985

- Reims
- 200.000 Flaschen
- ★★ hervorragende Qualität

SORTEN

OHNE JAHRGANG

BRUT HÉRITAGE

ROSÉ

BRUT HERITAGE ROSÉ

JAHRGANGSCHAMPAGNER

BRUT (1985)

Brut Héritage ▶

DEUTZ

Deutz-Weine zeichnen sich, wie die Familie Deutz selbst, durch Zurückhaltung und Feinsinnigkeit aus und werden meist unterschätzt.

Wie viele *grandes marques* wurde auch dieses Haus von jungen Unternehmern deutscher Herkunft gegründet, die ihr Glück in der Champagne suchten. Wilhelm Deutz und Peter Geldermann, beide in Aachen gebürtig, begannen 1838 in Ay mit der Champagnerherstellung. Deutz, der zuvor für Bollinger gearbeitet hatte, brachte sein Fachwissen und Geldermann das nötige Kapital in die Partnerschaft ein.

Während der Unruhen im Jahre 1911 wurden die Weinkeller des Unternehmens stark beschädigt. Dieses für seine Vorgänger traumatische Erlebnis mag siebzig Jahre später, während des Wirtschaftsbooms der achtziger Jahre, André Lallier-Deutz, den gegenwärtigen Chef der Firma, veranlaßt haben, seine Beteiligungen im Weingeschäft breiter zu streuen. Zu seinen Erwerbungen gehörten die Rhône-Schiffahrtsgesellschaft Delas Frères sowie Schaumweinhersteller in Kalifornien und Neuseeland. Doch während der Rezession

Rosé Brut 1988

Brut 1988

SORTEN

OHNE JAHRGANG

BRUT
KOSHER BRUT

JAHRGANGSCHAMPAGNER

BRUT (1988)
BLANC DE BLANCS (1988)
ROSÉ (1988)

PRESTIGE

CUVÉE WILLIAM DEUTZ (1985)
CUVÉE WILLIAM DEUTZ ROSÉ (1985)

infolge des Golfkrieges 1991, die auch die Champagnerindustrie traf, schien es, als habe sich Deutz mit seinen internationalen Aktivitäten finanziell übernommen. 1993 erwarb Louis Roederer einen dreiundsechzigprozentigen Anteil an dem Unternehmen.

Trotz seiner weltweiten Ausrichtung gehört Deutz eher zu den unauffälligeren *grandes marques*, sicher aber nicht zu denen, die Autorennen sponsern und die Sieger veranlassen, ihre Konkurrenten mit wertvollem Champagner zu besprühen. Doch bei kürzlichen Tests erschien der jahrgangslose *Brut* mit einer aggressiven Säure unter seinem Nennwert, so daß man sich fragt, wie lange diese Cuvée wohl in der Flasche gereift ist. Die Jahrgangsweine sind etwas anderes. Der 1988er *Blanc de Blancs*, der aus den besten Trauben der *grands crus* an der Côte des Blancs gewonnen wird, ist ein wunderbarer Champagner, leicht, von erlesener Eleganz, doch mit einer Tiefe im Geschmack, die sich bis zum Jahr 2000 noch intensivieren wird. Der 1988er *Brut* hat ein komplexes Aroma, das an Burgunder erinnert und auf die 60 Prozent Pinot Noir zurückzuführen ist, außerdem von lang anhaltendem Geschmack am Gaumen. Der 1988er *Rosé* (100 Prozent Pinot Noir) ist sehr fruchtig und kräftig, ein Wein, der zu schmackhaften Schalentieren wie zum Beispiel Krebs oder, am besten, zu einer Lachsterrine paßt. Der Prestigechampagner *Cuvée William Deutz*, der nur in großen Jahren wie 1982 und 1985 hergestellt wird, ist sicher ein eindrucksvoller Wein, doch wie viele Prestigecuvées den Mehrpreis gegenüber beispielsweise dem *Blanc de Blancs* nicht wert. Ein ungewöhnlicher Bestandteil des Sortiments ist der jahrgangslose *Kosher Brut*.

- Ay
- 600.000 Flaschen
- ★★ hervorragende Qualität
- zu Schalentieren und Lachsterrine

Brut ▶

DEVAUX

Dieser makellose Betrieb erweckt besonderes Vertrauen durch das Zusammenspiel von moderner Technik und traditionellen Prinzipien der klassischen Champagnerherstellung.

Veuve Devaux ist das Aushängeschild der Union Auboise und hat seinen Sitz in dem altertümlichen Bar-sur-Seine, 110 Kilometer südöstlich von Epernay. Diese erstklassige Genossenschaft produziert gegenwärtig hervorragende Champagner, die bei Blindtests gegen Konkurrenten von der Marne mehr als bestehen können. Die Union Auboise ist eine mächtige Vereinigung aus 750 Winzern, die 1300 Hektar ausschließlich in der Aube gelegene Rebfläche mit 85 Prozent Pinot Noir, zwölf Prozent Chardonnay und nur drei Prozent Pinot Meunier bewirtschaften. Etwa ein Drittel der Produktion wird exportiert, mit zunehmender Tendenz, denn diese Weine bieten für ihr Geld eine außergewöhnlich gute Qualität.

Ein wesentlicher Faktor hierbei ist, daß alle Devaux-Cuvées vor dem Verkauf für eine angemessene Zeit in der Flasche reifen. Der *Grande Réserve Brut*, der drei Jahre Flaschenreifung hinter sich hat, ist ein Verschnitt aus 50 verschiedenen *crus* und von grün-goldener Farbe, ein vorbildlicher Standardwein mit einer beispielhaften Ausgewogenheit zwischen zurückhaltender, hefiger Komplexität und frischem Fruchtgeschmack, gepaart mit klarer Säure. Die *Cuvée Millésimée*, gegenwärtig ein 1988er, ist – wenig

Grande Réserve Brut

typisch – ein vom Chardonnay geprägter Wein und rassiger als die meisten Aube-Weine. Die *Cuvée Rosé* – rosa bis orangefarben – ist voller primärer Pfirsichfrucht, die 1985er *Cuvée Spéciale Rosé* dagegen von feiner Weinigkeit, aber lebhaft. Die ganz oben in der Skala angesiedelte 1985er *Cuvée Spéciale Brut*, ein klassischer Verschnitt aus gleichen Anteilen von Pinot Noir und Chardonnay, wird ihre Qualität noch über einige Jahre verbessern. Die Union Auboise stellt auch den seltenen und teuren stillen *Rosé des Riceys* her, der eine Art Kuriosität darstellt. Seinen bittersüßen Mandarinengeschmack sollten alle Weinliebhaber, die eine neue Erfahrung suchen, kennenlernen, obwohl es schwierig ist, eine Flasche davon aufzutreiben, da die Produktion äußerst gering ist.

Bar-sur-Seine

2 Mio. Flaschen

★★ hervorragende Qualität

SORTEN

OHNE JAHRGANG

GRANDE RÉSERVE
BRUT

JAHRGANGSCHAMPAGNER

CUVÉE MILLÉSIMÉE
(GEGENWÄRTIG 1988)
CUVÉE SPÉCIALE ROSÉ
(1985)

STILLER WEIN

ROSÉ DES RICEYS

ROSÉ

CUVÉE ROSÉ

PRESTIGE

CUVÉE SPÉZIALE BRUT

Grande Réserve Brut: ein gut gereifter jahrgangsloser Champagner ▶

DRAPPIER

Seit der Zeit Napoleons sind die Drappiers Winzer in Urville; sie gehören heute zu den führenden Weinbauern und Weinhändlern der Aube.

Die Champagner von Drappier sind unverwechselbar und mit ihrem Geschmack nach roter Frucht – die sie den reichen Böden der Aube verdanken – ein Wein für Genießer. Geschmacksfülle statt herber Finesse ist typisch für den Drappier-Stil, der offenbar auch General de Gaulle zusagte: Im nahegelegenen Colombey-les-Deux-Eglises, wo er seinen Lebensabend verbrachte, trank er regelmäßig den Champagner dieses Hauses.

Der Kern dieses fest zusammengewachsenen Familienbetriebes befindet sich im Gebiet von Urville. Zu ihm gehören Weinkeller aus dem 12. Jahrhundert und Weinberge, die sich heute auf 35 Hektar belaufen und hauptsächlich mit Pinot Noir bepflanzt sind. Der junge Michel Drappier, ein in Dijon ausgebildeter Önologe, führt das Geschäft mit äußerster Sorgfalt und feinem Gespür. Seine äußere Erscheinung erinnert zwar ein wenig an einen gutaussehenden Filmstar, doch davon sollte man sich nicht täuschen lassen: Er kann ausgesprochen hart arbeiten, und er gehört zu den aufgeschlossensten und mitteilsamsten unter den Weinherstellern. Die Kellerei ist modern und urtümlich zugleich, und die Champagner, die hier entstehen, sind nicht nur methodisch sauber hergestellt, sondern haben eine echte Persönlichkeit.

Ein Dorf in der Aube, bekannt für Pinot Noir

SORTEN

OHHE JAHRGANG

Carte Blanche
Signature Blanc de Blancs

ROSÉ

Val des Desmoiselles Rosé

JAHRGANGSCHAMPAGNER

Carte d'Or (1988)

PRESTIGE

Grande Sendrée
(1988: empfohlene ältere Jahrgänge: 1985, 1983)

Urville

600.000 Flaschen

★★ hervorragende Qualität

Grande Sendrée 1982: ein großartiges Jahr

Grande Sendrée 1988

Carte d'Or Brut: ein reichhaltiger, vollmundiger Pinot-Noir-Champagner ▶

Der jahrgangslose *Carte Blanche* wird aus 90 Prozent Pinot Noir und 10 Prozent Pinot Meunier hergestellt, wobei letzterer diesem abgerundeten, geschmeidigen Champagner eine würzige Note verleiht. Bei dem 1988er *Carte d'Or* ist, wie bei allen Jahrgangsweinen von Drappier, das Degorgierdatum auf dem Etikett angegeben. Als ich ihn im Januar 1994 probierte, zehn Monate nachdem er degorgiert wurde, war er sehr vielversprechend und besaß eine gute Ausgewogenheit zwischen jenem typischen Geschmack nach roter Frucht und hervorragender Säure. Der *Signature Blanc de Blancs* hingegen ist wohl der am wenigsten interessante Wein der Drappiers, die schließlich Pinot-Noir-Spezialisten sind. Keine Zweifel jedoch bestehen hinsichtlich der Prestigecuvée *Grande Sendrée*. Aus Jahren wie 1983 und 1985 ist dies ein großartiger, sinnlich vollmundiger Wein, bei dem zwar auch Pinot Noir vorherrscht, der jedoch einen beachtlichen Anteil Chardonnay hat (45 Prozent). Der kürzlich herausgebrachte *Grande Sendrée* 1988 sollte noch bis 1996 gelagert werden, bevor man ihn öffnen kann. Der rosafarbene *Val des Desmoiselles* gehört zu den wenigen Rosé-Champagnern, die immer noch mit der *saignée*-Methode hergestellt werden. Hierbei wird der Wein rosa gefärbt, indem die dunkle Schale der Pinot-Noir-Traube vor der Gärung für ein paar Tage mit dem Saft in Kontakt gebracht wird. Dieser schöne Wein mit der rosafarbenen Rosenblattönung ist jedoch nur ein weiteres Beispiel für den verführerischen Charme des Pinot Noir aus der Aube.

Carte D'Or

◀ *Grande Sendrée 1988: eine im Preis scharf kalkulierte Prestigecuvée*

Daniel Dumont

Daniel Dumont ist einer der interessantesten Hersteller in der Montagne de Reims, denn er betätigt sich mit seinen beiden Söhnen auch als Pflanzenzüchter und verkauft jährlich über 200 000 Reben an andere Produzenten.

Seine Kenntnisse über Weinzüchtungen und über die verschiedenen Weinsorten ermöglichen es Daniel Dumont, die besten für seine eigene Produktion auszuwählen. Daher sind seine Trauben ausgesprochen gesund und seine Champagner außergewöhnlich rein im Geschmack.

Das zeigt sich im Glas. Bei einer Kostprobe im Januar 1994 war seine *Cuvée d'Excellence* 1986 der Star in einer Reihe verschiedener *grandes marques*. Hergestellt aus einer klassischen Mischung von *premier-cru*-Trauben (wobei Chardonnay vorherrscht), fehlt es diesem Wein an nichts. Er besitzt eine seidige Struktur, vollmundige Fülle und vollendet ausgewogene Säure; keine Spur von Bitterkeit. Die *Cuvée de Réserve* 1988 ist ein

SORTEN

OHNE JAHRGANG

Demi-Sec
Grande Réserve

ROSÉ

Grande Réserve
Rosé

JAHRGANGSCHAMPAGNER

Brut Réserve
(1988)

PRESTIGE

Cuvée d'Excellence
(1986)

Cuvée d'Excellence 1986 – eine außergewöhnliche Cuvée ▶

Brut Réserve 1988

Grande Réserve

Cuvée d'Excellence 1986

Grande Réserve Rosé

vordergründiger Wein mit überwiegend fruchtigem Geschmack. Ein Gutteil der Trauben stammt von den kleineren Besitzungen in den Côteaux des Sézannais und im Vallée de la Marne. Der *Grande Réserve Rosé* gehört zu den wenigen rosafarbenen Champagnern, die noch nach der traditionellen Methode hergestellt werden: Die Schalen bleiben für etwa 24 Stunden in Kontakt mit dem Saft, um dem Wein auf natürliche Weise die gewünschte Farbe zu geben. Er ist ein großartiger Tischwein, sein überschwenglicher Pinot-Noir- und Pinot-Meunier-Geschmack nach roter Frucht verleihen ihm so viel Charakter, daß er zu so verschiedenen Gerichten wie Schweinefleisch nach Sezuan-Art, Kalbsblanquette oder Lachs in allen Varianten paßt. Daniel stellt auch einen nach Honig und Mandeln schmeckenden *Demi-Sec* her, der zu Weihnachtsplätzchen sicher aufregender ist als eine Tasse Tee.

Rilly-la-Montagne

50.000 Flaschen

★★ hervorragende Qualität

Grande Réserve Rosé:
Schweinefleisch Sezuan

Nicolas Feuillatte

Diese Marke wurde Anfang der siebziger Jahre von Nicolas Feuillatte begründet, einem Unternehmer, der viel in der Welt herumgekommen ist. Man hat bei ihm stets den Eindruck, er fühle sich in einem Penthouse in Manhattan genauso wohl wie in den Weinbergen der Champagne.

Im Alter von 21 Jahren ging Feuillatte nach New York, wo er sich, ursprünglich im Kaffeehandel, ein Vermögen erwarb. 1970 verkaufte er seine Anteile und zog sich zur Erholung für ein Jahr nach Sydney zurück. Kurz darauf erbte er einen zwölf Hektar großen Weinberg in Bouleuse, den er – nicht ohne Sinn für Eigenwerbung – Domaine St. Nicolas nannte. Feuillatte wurde zu einem der bedeutenden Unternehmen im Champagnergeschäft, als es sich 1976 dem Centre Vinicole de la Champagne anschloß. Das C.V.C. mit Sitz in Chouilly an der Côte des Blancs ist eine riesige Winzergenossenschaft mit 4000 Mitgliedern, die zusammen über 1600 Hektar Rebflächen verfügen und ihren Traubensaft hierher zur Weiterverarbeitung bringen. Laut eigenen Angaben zeichnet die Genossenschaft für fünf Prozent der gesamten Champagnerproduktion verantwortlich. Sicher ist, daß Feuillatte hinsichtlich der Qualität und der Variationsbreite der ihm zur Verfügung stehenden *crus* auf hervorragende Trauben von der Montagne de Reims, der Côte des Blancs und aus dem Vallée de la Marne zurückgreifen kann.

Chouilly
13 Mio. Flaschen
gute Qualität

Brut Premier Cru ▶

Brut Premier Cru 1982

Brut Rosé Premier Cru

Seine Einstellung zum Champagner formuliert Feuillatte mit den Worten: »Er ist ein natürlicher Bestandteil des Lebens.« Zunächst war ich skeptisch, sowohl was diese neureich klingende Floskel betrifft als auch in bezug auf die Behauptung, Weine der Marke Feuillatte seien von hoher Qualität – die C.V.C. produziert inzwischen 13 Millionen Flaschen Champagner pro Jahr –, bis mich bei einer Probe im Dezember 1993 die Spitzenweine von Feuillatte stark beeindruckten.

Diese Champagner sind unmittelbar ansprechend, wozu eine lebhafte *mousse*, eine sofort spürbare Fruchtigkeit und klare Säure beitragen. Der *Brut Premier Cru* ist ein hervorragender, schmeichelnder jahrgangsloser Wein: Die Perlage, schäumend und cremig am Gaumen, ist die reine Freude; der Duft von Orange und Mandarine ist unverwechselbar; und der Geschmack ist voll und belebend. Der jahrgangslose *Blanc de Blancs* scheint noch ein wenig Flaschenreife zu benötigen, da in ihm die rauhe Schärfe des Chardonnay zur Wirkung kommt, und der *Rosé* mit seiner Orangetönung und einem ziemlich synthetischen Geschmack ist einfach enttäuschend. Die 1983er *Cuvée Spéciale Palmes d'Or* besitzt die Komplexität der klassischen Mischung (40 Prozent Pinot Noir, 40 Prozent Chardonnay, 20 Prozent Pinot Meunier), verbunden mit einem klaren Fruchtgeschmack und der herrlichen Weinigkeit eines voll ausgereiften Champagners aus einem großen Jahr. Dieser erstklassige Wein (ich würde ihm drei Sterne geben), ist besser und billiger als der Spitzenreiter *Cuvée Prestige*.

SORTEN

OHNE JAHRGANG

BRUT PREMIER CRU
CHARDONNAY BLANC DE BLANCS

ROSÉ

BRUT PREMIER CRU ROSÉ O. J.

PRESTIGE

CUVÉE SPÉCIALE PALMES D'OR PREMIER CRU (1983, 1985)
CUVÉE PRESTIGE (1983, 1982)

George Gardet

Das kleine, 1890 gegründete Familienunternehmen hat seine Kellerei in Chigny-les-Roses und kauft hauptsächlich auf 100 Prozent taxierte Trauben von der Montagne de Reims.

Die Champagner der Familie Gardet, die sehr traditionelle Herstellungsmethoden anwendet, sind alle mit dem Degorgierdatum versehen und reifen sehr lange in der Flasche. Die Jahrgangschampagner sind von außergewöhnlicher Qualität und weisen ein komplexes, tertiäres, fast »animalisches« Aroma und einen ebensolchen Geschmack auf. Der 1983er ist von eindrucksvoller Weinigkeit und schneidet bei Blindtests immer gut ab. Der *Rosé Brut* (100 Prozent Pinot Noir) verdankt seine Farbe dem Kontakt des Mostes mit der Schale dunkler Trauben. Ich persönlich finde, daß er mehr Geschmack hat, als ihm guttut, doch auch hier gilt: *chacun à son goût*. Gardet-Champagner werden auch unter dem Namen Boucheron vertrieben. Deren Qualität steht den anderen in nichts nach.

Chigny-les-Roses
600.000 Flaschen
★★ hervorragende Qualität

SORTEN

OHNE JAHRGANG
Brut Spécial

ROSÉ
Rosé Brut o. J.

JAHRGANGSCHAMPAGNER
Vintage (1983)

Vintage 1983 ▸

Gatinois

Die Champagnerherstellung in Ay, das berühmt ist für seine Pinot-Noir-Trauben der Klasse grand cru, *wird von großen Häusern wie Bollinger beherrscht. Heute gibt es in dieser Gemeinde nur zwölf kleine Winzer, die ihre eigenen Champagner produzieren und vermarkten.*

Zu den besten der kleinen Winzer in Ay gehört Pierre Cheval-Gatinois, der eher wie ein Technokrat als wie ein *vigneron* aussieht. Pierre wurde in den nahegelegenen Ardennen geboren, wo kein Wein angebaut wird, kam aber als junger Mann in die Champagne, entdeckte seine Liebe für den Ort Ay und heiratete ein Mädchen aus der Gegend, dessen Familie hier seit 1696 Champagnerreben anbaute.

Heute bewirtschaftet Gatinois Weinberge von insgesamt acht Hektar, die allesamt als *grand cru* eingestuft werden. 90 Prozent hiervon sind mit Pinot-Noir-Reben bepflanzt, die auf Hängen wachsen, während die zehn Prozent Chardonnay-Reben auf den kalkhaltigeren Böden am Fuße der Hügel angebaut werden. Die Champagner sind von kräftiger Farbe und üppigem Bukett; der vorherrschende Geschmack nach roter Frucht geht auf die großen Pinot-Noir-Weine zurück, die in kleinen Mengen aus alten Reben hergestellt werden. In außergewöhnlichen Jahren wie 1989 und 1990 produziert Gatinois einen

Gatinois Millésimé 1989

hervorragenden stillen Rotwein (100 Prozent Pinot Noir), der in ziemlich neuen kleinen Eichenfässern vergoren wird und reift.

Der jahrgangslose *Gatinois Grand Cru, Ay, Tradition Brut*, hat, obwohl offiziell ein weißer Champagner, eine deutlich rosafarbene Tönung und eine klar erkennbare, doch abgerundete Fruchtigkeit, die auf den komplizierten Verschnitt aus Weinen von 29 *lieux-dits* (Orte mit Flurnamen) innerhalb der Anbaufläche von Gatinois und eine dreijährige Reifung zurückzuführen ist. Ein großer Wein zum Essen, besonders zu geschmortem Geflügel mit einer Sahnesoße, ist der *Gatinois Réserve*, ein Verschnitt aus 1987er und 1988er Jahrgangsweinen. Dank der längeren Flaschenreifung ist er weiniger, während der *Gatinois Millésimé* 1988 (ein klassischer Jahrgangswein) fein und delikat schmeckt.

Ay

30.000 Flaschen

★★ hervorragende Qualität

Gatinois Réserve zu Poulard à la crême

SORTEN

OHNE JAHRGANG

GATINOIS GRAND CRU, TRADITION BRUT

JAHRGANGSCHAMPAGNER

GATINOIS GRAND CRU RESERVE

GATINOIS MILLÉSIMÉ (1988)

GATINOIS CÔTEAUX CHAMPENOIS (1989, 1990)

Grand Cru Tradition Brut: nur aus Weinlagen in Ay ▶

Gosset

Seit 1584 stellt die Familie Gosset in Ay Wein her. Daher überrascht es nicht, daß hier traditionelle, üppige, reichhaltige Champagner alten Stils entstehen.

Das Unternehmen besitzt zwölf Hektar erlesener Weinberge auf der Montagne de Reims, kauft jedoch den größten Teil seiner Trauben aus 30 verschiedenen *crus* zu, insbesondere Chardonnay von der Côte des Blancs. Nachdem Gosset vier Jahrhunderte in Familienbesitz war, übernahm 1994 Max Cointreau von Frapin Cognac die Kontrolle über die Firma.

Gosset-Weine sind auf Langlebigkeit angelegt (zu diesem Zweck wird die malolaktische Gärung vermieden) und reifen überdurchschnittlich lange in der Flasche. Die britische Weinkritikerin Jane MacQuitty betont mit Recht,

- Ay
- 500.000 Flaschen
- ★★ hervorragende Qualität
- *Grande Réserve* zu gebratenem Fasan oder Rebhuhn

Brut Réserve

SORTEN

OHNE JAHRGANG	ROSÉ
BRUT RÉSERVE	BRUT ROSÉ
GRANDE RÉSERVE	
	JAHRGANGSCHAMPAGNER
	GRAND MILLÉSIME (1983)

daß der moschusartige Stil dieser Champagner nicht jedermanns Sache sei. Ich persönlich finde, daß der Standardwein *Brut Réserve* im Aroma mehr Punkte verdient als in Eleganz, und der Moschuscharakter des vielgerühmten 1983er *Grand Millésimé* läßt mich kalt. Es gibt jedoch einen großen Wein von Gosset: den *Grande Réserve*, dessen Anteil an Pinot Noir ein wenig höher ist als der an Chardonnay. Es handelt sich um einen Verschnitt aus den Jahrgängen 1984, 1985 und 1986. Sein reichhaltiger, vielschichtiger Geschmack ist ein schlagender Beweis dafür, daß ein jahrgangsloser Champagner besser sein kann als ein Jahrgangschampagner. Herrlich zu Gerichten wie gebratenem Fasan oder Rebhuhn.

1985 Brut

Brut Rosé

Brut Rosé ▶

George Goulet

Als Lieferant des Lieblingsschampus des englischen Königs George VI. berühmt geworden, gehört dieses Unternehmen zu den wenigen Champagnerhäusern, die nach Jahren der Kontrolle durch ein anderes Unternehmen – in diesem Fall den Konzern Besserat de Bellefon – wieder unabhängig wurden.

Das Haus befindet sich heute im Besitz einer Familie von Winzern aus der Umgebung von Verzenay in der Montagne de Reims. Ihr Champagner wird von Kennern, insbesondere in Großbritannien, sehr geschätzt. Goulets jahrgangsloser *Extra Quality Brut*, obwohl aus 80 Prozent Pinot Noir der Klassen *grand* und *premier cru* hergestellt, schmeckte bei einer Probe im Dezember 1993 schwer und leblos. Die weißen und rosa Jahrgangschampagner sind um vieles besser – große, kräftige Weine mit sehr langanhaltendem Geschmack. Besonders erfolgreich ist der 1985er.

Verzenay

100.000 Flaschen

★ gute Qualität

SORTEN

OHNE JAHRGANG

Extra Quality Brut

ROSÉ

Extra Quality Brut Rosé (1985)

JAHRGANGSCHAMPAGNER

Extra Quality Brut (1985)

Extra Quality Brut ▶

ALFRED GRATIEN

Alfred Gratien ist ein ausgesprochen individuelles Unternehmen. Die abgenutzten Regale in den etwas heruntergekommenen Geschäftsräumen erwecken den Eindruck, daß sich nur wenig verändert hat, seit der aus Saumur stammende Alfred Gratien 1867 in der Rue Maurice Cerveaux sein Champagnerhaus eröffnete.

Lassen Sie sich nicht beirren. Dieses bescheidene Haus liefert eine Reihe wirklich exzellenter Champagner, die in der Überzeugung hergestellt werden, daß die alten Methoden die besten sind.

Die Schlüsselfunktion des Kellermeisters befindet sich seit fünf Generationen in der Hand ein und derselben Familie. Der gegenwärtige Amtsinhaber Jean-Pierre Jaeger betont, daß seine Champagner vollständig in Holzfässern vergoren werden und anschließend lange in der Flasche reifen, bevor sie herausgebracht werden. Der jahrgangslose *Alfred Gratien Brut* hat eine hell strohgelbe Farbe und ein würziges Bukett nach frischem Brot, das mit ziemlicher Gewißheit auf den sehr hohen Anteil an Pinot Meunier zurückzuführen ist, obwohl Jean-Pierre ein Geheimnis aus der genauen Menge macht.

SORTEN

OHNE JAHRGANG

ALFRED GRATIEN BRUT

JAHRGANGSCHAMPAGNER

ALFRED GRATIEN BRUT (1983)

PRESTIGE

ALFRED GRATIEN CUVÉE PARADIS

Alfred Gratien Brut

Frische und Finesse kommen durch 30 Prozent Chardonnay zustande sowie durch die bei Gratien übliche Praxis, die malolaktische Gärung zu verhindern, um bei allen Weinen ein Höchstmaß an Lebendigkeit zu gewährleisten.

Die Jahrgangsweine von Gratien, die zu mindestens 50 Prozent aus Chardonnay bestehen, sind, wie in diesem Hause üblich, elegant, rassig und langlebig. Der Prestigechampagner *Alfred Gratien Cuvée Paradis* ist ein Meisterwerk, das die höchste Auszeichnung verdient. Obwohl dieser Wein nicht mit einem Jahrgangsetikett versehen ist, basiert er auf dem 1985er Jahrgang. Die Farbe ist ein schönes, klares Zitronengold, die *mousse* ausnehmend zart, der Geschmack äußerst fein und langanhaltend: All das geht zum großen Teil auf den Anteil an Chardonnay (71 Prozent) zurück.

Der 1983er *Alfred Gratien Brut* hat eine stärker hervortretende strohgelbe Farbe und einen reiferen, volleren Geschmack (etwa ein Drittel Pinot Noir), doch dieser fast reife Wein, der seinen Höhepunkt 1994 oder 1995 erreichen wird, besitzt gleichwohl den typischen Gratien-Geschmack eines erstklassigen, auf Chardonnay beruhenden Jahrgangschampagners.

⊕	Epernay
	150.000 Flaschen
★★	hervorragende Qualität

◄ *Alfred Gratien Brut*

Emile Hamm

Das Unternehmen wurde 1910 von einem Winzer aus Ay gegründet, dessen Vater aus dem Elsaß stammte, und erhielt 1930 den Status eines négociant. *Inzwischen wird es von der vierten Generation der Familie geleitet.*

Hamm besitzt 3,5 Hektar hochklassiger Rebflächen in Ay, kauft jedoch den größten Teil der Trauben zu. Fast alle Champagner von Hamm sind mit einer weniger als einprozentigen Dosage ausgesprochen trocken. Der jahrgangslose *Sélection Brut* besteht aus einem Verschnitt niedriger klassifizierter *crus*, und etwa ein Drittel des Chardonnay stammt aus zweiten Pressungen. Der *Premier Cru Réserve* ist empfehlenswert; es handelt sich um einen Verschnitt aus Pinot Noir und Chardonnay im Verhältnis sechzig zu vierzig; der Duft ist angenehm hefig, der Geschmack jugendlich fruchtig. Der 1987er, der die gleiche Zusammensetzung hat, ist für dieses schwierige Jahr eine annehmbare Leistung; die starke, für diesen Jahrgang typische Säure läßt allmählich nach und gibt den Weg frei für einen gut ausgewogenen, milden Geschmack.

Ay
240.000 Flaschen
gute Qualität

SORTEN

OHNE JAHRGANG
Sélection Brut
Premier Cru
Réserve Brut

ROSÉ
Rosé Brut

JAHRGANGSCHAMPAGNER
Vintage (1987)

Premier Cru Réserve Brut ▶

Charles Heidsieck

Dieses renommierte grande-marque-*Haus ist zu Recht diesseits wie jenseits des Atlantiks wegen seiner reichen, sinnlichen, vollmundigen Champagner berühmt geworden, die hervorragend zu feinen Speisen passen.*

Charles-Camille Heidsieck gehörte zu den großen Champagnerverkäufern. Gemeinsam mit seinem Schwager Ernest Henriot gründete er im Jahre 1851 das Haus und sah sich jenseits des Atlantiks nach neuen Kunden um. Im darauffolgenden Jahr unternahm er die erste von vier Reisen in die USA. Zu Beginn des amerikanischen Bürgerkrieges verkaufte er von New York aus 300 000 Flaschen Champagner pro Jahr nach Louisiana. Doch alles fand 1861 ein bitteres Ende, als er in New Orleans von Vertretern der Nordstaaten festgenommen wurde. Man hatte bei ihm Briefe französischer Tuchfabrikanten gefunden, in denen der Armee der abtrünnigen Südstaaten das Angebot unterbreitet wurde, sie mit Uniformen auszustatten. Nach vier Monaten Haft in einem modrigen Gefängnis in Mississippi kehrte Charles-Camille als nahezu ruinierter Mann nach Frankreich zurück. Doch das Unternehmen überlebte trotzdem. Seine Söhne und Enkel eroberten neue Auslandsmärkte in Europa, im Fernen Osten und in Südamerika und dehnten gleichzeitig den Verkauf in den USA aus.

Brut Réserve

Brut des Jahrgangs 1985

Blanc des Millenaires 1983

Die Familie leitete das Unternehmen bis 1976, als Joseph Henriot, ein Nachfahre von Ernest, die Kontrolle übernahm. 1985 wurde Charles Heidsieck an den Rémy-Martin-Konzern verkauft, der damals bereits die Firma Krug besaß. Unter dem neuen Besitzer hat sich die Qualität der Weine enorm verbessert; der jahrgangslose Champagner von Charles Heidsieck ist heute viel reichhaltiger als früher und gehört zu den besten, die man auf dem Markt findet. Der Hauptgrund für diese Verbesserung liegt in der finanziellen Stärke von Rémy, die es Daniel Thibault, dem *chef de caves* von Charles Heidsieck, erlaubt, die besten Trauben einzukaufen und, was ganz entscheidend ist, den Bestand an Reserveweinen zu erhöhen. So sagt denn auch Thibault, von der Presse als Kellermeister mit außergewöhnlicher Begabung, ja als Magier gefeiert: »*Chefs de caves* sind keine Zauberer; vielmehr ist es das Rohmaterial, sind es die Trauben, welche die Qualität des Champagners ausmachen.«

Vor der Übernahme durch Rémy besaß Charles Heidsieck keine eigenen Weinberge; mittlerweile hat das Unternehmen jedoch 30 Hektar erstklassiger Lagen in Oger, Ambonnay und Bouzy erworben – ein guter Start auf dem Weg zu größerer unmittelbarer Kontrolle über die Qualität der Ernte, die das Unternehmen anstrebt.

Die hervorragende Qualität des jahrgangslosen *Charles Heidsieck Brut Réserve* ist auf einen sorgfältigen natürlichen Gärungsprozeß und auf die Komplexität des Verschnitts zurückzuführen. Die Weine werden ausschließlich aus den ersten Pressungen der Trauben hergestellt – seit 1985 wird auf die zweite Pressung gänzlich verzichtet. Die erste Gärung findet in Edelstahlfässern statt, und die anschließenden technischen Verfahren sind auf ein Minimum reduziert, um den natürlichen Charakter der Weine zu erhalten.

Der *Brut Réserve* besteht aus bis zu dreihundert verschiedenen Komponenten, davon 40 Prozent Reserveweine aus älteren Jahrgängen. Auf diese Weine ist der unverwechselbare Geschmack

Blanc des Millénaires Blanc de Blancs 1983: einer der besten Chardonnay-Champagner auf dem Markt ▶

nach Vanille und Honig beim fertigen Champagner zurückzuführen, der zum Stil des Hauses gehört und ohne die Verwendung von Holzfässern erreicht wird. Die Traubenmischung besteht zu drei Vierteln aus Pinot Noir und Pinot Meunier und zu einem Viertel aus Chardonnay, wobei letzterer den Schwung dieses Champagners ausmacht und ihm einen Hauch von Haselnuß verleiht. Kritiker bemängeln, daß der *Brut Réserve* überteuert sei, was ich jedoch für eine Fehleinschätzung halte, denn dieser Champagner mit seiner hervorragenden Qualität kostet weniger als die nicht so guten Jahrgangschampagner anderer Häuser.

Das gilt auch beim hausinternen Vergleich mit dem 1985er Jahrgangschampagner, einem weniger komplexen Wein als dem *Brut Réserve*. Seltsamerweise ist der 1985er *Rosé* außergewöhnlich: Von blasser Zwiebelschalenfarbe und eher subtil und fein als aufdringlich fruchtig, gehört dieser Wein zu den wenigen Roséchampagnern, die sich tatsächlich mit dem Alter verbessern; in den Jahren 1995/96 dürfte er ein exzellentes Getränk sein. Der 1983er *Blanc des Millénaires* (100 Prozent Chardonnay) ist einer der besten Blanc de Blancs weit und breit – eine typische Kreation von Thibault; wunderbar reich und cremig mit dem Geschmack exotischer Früchte, der auch Konsumenten überzeugen wird, die reine Chardonnay-Champagner als karg empfinden. Nur äußerst selten außerhalb von Auktionshäusern zu finden, doch der Traum jedes Sammlers, ist die 1981er *Charles Heidsieck Cuvée la Royale*, ein Champagner, dessen Geschmack im wesentlichen von großem altem Pinot Noir beherrscht wird und der einen unvergeßlichen Duft nach gerösteten Kaffeebohnen hat. Das klingt vielleicht nicht besonders einladend, und doch muß ich gestehen, daß ich den ganzen Weg von London nach Reims erneut auf mich nehmen würde, nur um ihn noch einmal zu verkosten.

Reims

3 Mio. Flaschen

beste Qualität, die erhältlich ist

SORTEN

OHNE JAHRGANG	JAHRGANGSCHAMPAGNER
BRUT RÉSERVE	BRUT (1985)
	BLANC DES MILLÉNAIRES (1983)
ROSÉ	**PRESTIGE**
JAHRGANGSCHAMPAGNER BRUT ROSÉ (1985)	LA ROYALE (1981)

Heidsieck Monopole

Das 1834 von Henri-Louis Walbaum gegründete Unternehmen hieß ursprünglich Heidsieck & Co. Das Anhängsel »Monopole« geht auf Edouard Mignon von Comptoirs Français zurück, der 1923 das Haus erwarb.

Diese Firma, die seit 1972 zum Seagram-Konzern gehört, benutzt zusammen mit dem Branchenriesen Mumm gemeinsame Produktionsanlagen. Offiziell jedoch verfügt Heidsieck Monopole immer noch über ausgedehnte eigene Rebflächen, die sich auf etwa 112 Hektar belaufen, darunter vorzügliche Pinot-Noir-Lagen in den *grands crus* von Ambonnay, Bouzy, Verzenay und Verzy. Obwohl diese nur ungefähr ein Drittel des Firmenbedarfs

- Reims
- 1,5 Mio. Flaschen
- ★ gute Qualität

SORTEN

OHNE JAHRGANG

Dry Monopole Brut

JAHRGANGSCHAMPAGNER

Dry Monopole (1987)
Dry Monopole Rosé (1988)

PRESTIGE

Diamant Bleu (1985, 1982; älterer zu empfehlender Jahrgang: 1976)

Dry Monopole Brut ►

decken, stellen sie eine gute Grundlage für die Cuvées dar und bestimmen den vollen und reichen Champagnerstil des Hauses.

Der *Dry Monopole Brut* wird aus etwa gleichen Anteilen aller drei Champagnertrauben hergestellt. Dennoch herrscht unter Kritikern Uneinigkeit über seine Konsistenz. Ich persönlich habe ihn immer als im Aroma unaufdringlich, rund im Geschmack und gut ausgewogen empfunden. Die Prestigecuvée *Diamant Bleu* ist ein makellos verschnittener Wein (50 Prozent Pinot Noir, 50 Prozent Chardonnay), wobei der 1976er – heute eine Art Sammlerobjekt – besonders eindrucksvoll ist.

Dry Monopole

Dry Monopole 1987

Dry Monopole Rosé 1988

◄ Prestigecuvée: Diamant Bleu 1982

Piper-Heidsieck

Piper-Heidsieck gehörte immer zu den berühmten grandes marques. *Inzwischen deutet manches darauf hin, daß sich der Stil des Hauses verändert und daß an die Stelle der leichten, einfachen Champagner solche von größerer Fülle und Komplexität treten.*

Es ist etwas schwierig, sich über Piper-Heidsieck ein genaues Urteil zu bilden. Das 1834 von Christian Heidsieck, dem Neffen von Florenz-Ludwig (dem Ahnherrn der Heidsieck-Dynastie), gegründete Unternehmen blieb bis 1989 unabhängig. Doch Piper hat für seine Champagner kaum jemals den Beifall der Presse bekommen. Die meisten Kritiker schätzen sie als leicht und ziemlich karg ein (bis vor kurzem wurde die malolaktische Gärung vermieden) und meinen, ihnen fehle jegliche Fülle und Komplexität.

Doch seit der Übernahme des Unternehmens durch den Konzern Rémy Cointreau im Jahre 1989 haben sich die Dinge zum Besseren hin gewandelt. Daniel Thibault, der chef de caves bei Charles Heidsieck, arbeitet nun auch für Piper. Die Champagner werden allmählich fülliger und üppiger im Geschmack, obwohl die Unternehmenspolitik bewußt dahin geht, weiterhin geradlinige

Brut

Brut Sauvage 1982

SORTEN

Ohne Jahrgang	Jahrgangschampagner
Brut	Brut Sauvage (1982, 1985)
Rosé	**Prestige**
Rosé Brut	Champagne Rare (1985)

Champagner mit primärer Frucht und einem guten Säureeinschlag zu produzieren. Sicherlich die besten Weine des Hauses sind die Jahrgangscuvées wie beispielsweise der knochentrockene *Brut Sauvage* 1982, der, obwohl ohne *dosage,* sehr natürlich im Geschmack und dank der reifen Trauben im Verschnitt nicht allzu karg ist. Die Prestigecuvée *Champagne Rare* 1985 ist ein großartiger Wein, beherrscht von Chardonnay, zitrusartig, rassig und von langanhaltendem Geschmack am Gaumen; er wird sich bis zu den Jahren 1996/97 in der Flasche noch weiter entwickeln. Der jahrgangslose *Rosé Brut*, ein Werk Thibaults, bekommt im *Guide Hachette* von 1994 hohe Punktzahlen, wobei das Vanillearoma und der Geschmack nach Waldfrüchten gelobt werden – ein Hinweis auf die Verwendung zahlreicher Reserveweine.

⊕	Reims
🍷	5 Mio. Flaschen
★	gute Qualität

Prestigecuvée Champagne Rare 1985

◄ *Brut Sauvage 1985: knochentrockener Jahrgangschampagner aus Chardonnay-Trauben*

HENRIOT

Die Champagner von Henriot sind von Chardonnay geprägt, stark anregend, ausgesprochen trocken und von äußerster Eleganz.

Die Henriots sind seit dem 17. Jahrhundert Winzer in der Champagne und seit 1808 auch Weinhändler. Sie bewirtschaften 110 Hektar hervorragender Rebflächen, vorwiegend an der Côte des Blancs de la Marne. Joseph Henriot, der gegenwärtige Chef des Unternehmens und eine der einflußreichsten Persönlichkeiten in der Champagnerindustrie, ist ein vielschichtiger Charakter. Er legt großen Wert auf Qualität, bedient sich aber auch eigenwilliger Geschäftsmethoden und beweist dabei große Flexibilität. 1985 führte er den Familienbetrieb Henriot mit dem Unternehmen Veuve Clicquot zusammen und leitete die beiden Firmen, die jeweils eine eigene Philosophie vertraten, bis 1994. Man darf gespannt sein, was er als nächstes vorhat.

Der einzige Wein, der in seinem erstklassigen Sortiment ziemlich fehl am Platze scheint, ist der jahrgangslose *Souverain Brut*, ein im Vergleich zu den erstklassigen übrigen Produkten des Hauses grober Champagner. Der jahr-

Jahrgangsloser Blanc de Blancs

1988 Brut

1985 Rosé

Souverain Brut

gangslose *Blanc de Blancs* ist leicht und zitrusartig und eignet sich hervorragend als Aperitif. Der 1985er *Rosé*, ein sehr subtiler Wein, besteht ausschließlich aus Chardonnay, dem 15 Prozent Bouzy Rouge beigefügt werden. Der Jahrgangschampagner *Brut* 1985 ist ein großer Wein, der sich mit dem Alter noch verbessern wird. Henriot verwendet keinen Pinot Meunier im Verschnitt.

Reims

1 Mio. Flaschen

★★ hervorragende Qualität

SORTEN

OHNE JAHRGANG

Souverain Brut
Blanc de Blancs

JAHRGANGSCHAMPAGNER

Brut
(1985, 1988)
Rosé (1985)

PRESTIGE

Cuvée Baccarat
(1983)

◄ *Der jahrgangslose Blanc de Blancs ideal als Aperitif*

IRROY

Dieses 1820 gegründete kleine Champagnerhaus gehört zu den am wenigsten bekannten, da es vollkommen von dem Mutterunternehmen Taittinger überschattet wird.

Die geringe Bekanntheit der Champagner von Irroy dürfte dem kritischen Konsumenten sehr gelegen kommen, denn sie sind annehmbar, sorgfältig gemacht (vorwiegend aus Chardonnay-Trauben) und oft günstig im Preis. Der *Brut Carte d'Or* ist ein leichter, eleganter Wein, der sich gut trinkt, doch der beste Kauf ist der *Rosé*. Mit seiner blassen Lachsfarbe, seinem Aroma von roter Frucht und dem fein ausgewogenen Geschmack übertraf er bei einer Kostprobe in London im Dezember 1993 die Rosés einiger größerer Häuser. Um so bedauernswerter ist es, daß Irroy vor kurzem seinen Status als *grande marque* verloren hat.

Reims

500.000 Flaschen

gute Qualität

SORTEN

OHNE JAHRGANG

CARTE D'OR BRUT

ROSÉ

ROSÉ OHNE JAHRGANG

Brut Rosé: ein hervorragender von Chardonnay beherrschter Rosé ▶

JACQUART

Jacquart, eine große Winzergenossenschaft, gehört heute zu den wichtigsten Unternehmen der Champagnerindustrie, seit sie auch zu einem großen Handelshaus wurde.

Jacquart ist inzwischen der sechstgrößte Champagnerhersteller. Seine Stellung verdankt er den 1000 Hektar Rebflächen seiner 700 Mitglieder, einwandfreien Herstellungsmethoden und einem modernen, aggressiven Marketing – vor allem in Frankreich. Die Genossenschaft bietet den gut ausgewogenen jahrgangslosen *Brut Tradition*, den erstklassigen, von Chardonnay geprägten *Brut Sélection*, den makellosen 1987er *Brut* (ein wirklicher Erfolg in einem schwierigen Jahr) und den Prestigechampagner *Cuvée Nominée Blanc de Blancs*, einen 1985er Jahrgangschampagner von seltener Feinheit.

- Reims
- 10 Mio. Flaschen
- ★★ hervorragende Qualität

SORTEN

OHNE JAHRGANG

BRUT TRADITION
ROSÉ BRUT
BRUT SÉLECTION

JAHRGANGSCHAMPAGNER

BRUT 1987

PRESTIGE

CUVÉE NOMINÉ
BLANC DE BLANCS 1985

Brut 1987 ▶

ANDRÉ JACQUART

Als führender Winzer von Le Mesnil-sur-Oger exportiert André Jacquart seine hervorragenden, im Preis scharf kalkulierten Champagner u.a. in die USA, nach Großbritannien und Japan.

Das Familienunternehmen, dessen Schwerpunkt auf Chardonnay liegt, besitzt elf Hektar erlesener Weinberge entlang der Côte des Blancs (darunter eine erstklassige Lage in Le Mesnil) und kleinere Rebflächen (7 Hektar) mit Pinot Noir und Pinot Meunier im Vallée de la Marne und in der Aube.

Der *Carte Blanche Brut* (ohne Jahrgang) ist die bekannteste Sorte des Unternehmens; sein durchdringender trockener Geschmack nach erstklassigem Chardonnay wird durch den volleren Geschmack nach früh reifendem Pinot Noir abgerundet. Dieser tadellos ausgewogene Champagner gehört zu den besten, die gegenwärtig erhältlich sind. Der *Grand Cru Le Mesnil* ist der Wein eines einzigen Jahres. Der 1986er, ein vorbildlicher, reifer *Blanc de Blancs*, sollte in den Jahren 1994/95 getrunken werden.

Le Mesnil-sur-Oger
100.000 Flaschen
★★ hervorragende Qualität

SORTEN

OHNE JAHRGANG

A. JACQUART, CARTE BLANCHE BRUT

PRESTIGE

A. JACQUART, GRAND CRU LE MESNIL

Carte Blanche o. J. ▶

KRUG

Als renommierteste Weine der Champagne sind die Champagner von Krug immer von tiefem Geschmack, kompromißlos und extrem teuer. Diese Champagner, inzwischen von der fünften oder sechsten Generation der Familie hergestellt, benötigen eine lange Reifungszeit, können dafür aber wunderbar schmecken, wenn sie zehn, fünfzehn oder sogar zwanzig Jahre alt sind.

Das Unternehmen wurde 1843 von Johann Joseph Krug, einem deutschen Einwanderer aus Mainz, gegründet, der bei Jacquesson die Kunst des Verschneidens erlernt hatte.

Der unverwechselbare Geschmack der Krug-Champagner – voll, reichhaltig und nussig – ist auf die ausgesprochen traditionelle Verarbeitungsmethode zurückzuführen. Als einziges Haus läßt Krug *alle* seine Weine in kleinen Eichenfässern gären. Dies prägt zweifellos den weinigen, unverwechselbaren Stil des Hauses. Doch der entscheidende Qualitätsfaktor ist eine äußerst kompromißlose Art des Verschnitts. Die *Krug Grande Cuvée*, das Aushängeschild des Hauses, ist (wie sich Henri Krug ausdrückt) »ein Verschnitt in breitesten Dimensionen, bei dem vierzig bis fünfzig verschiedene Weine aus zwanzig bis fünfundzwanzig verschiedenen Lagen und sechs bis zehn verschiedenen Jahrgängen in ein diffiziles Gleichgewicht gebracht werden.«

Eine typische Traubenmischung für die *Grande Cuvée* besteht in etwa aus 45 bis 55 Prozent Pinot Noir, 25 bis 35 Prozent Chardonnay und 15 bis 20 Prozent Pinot Meunier. Die Krugs sind Spezialisten für Pinot Meunier (den sie

Geschenkpackung mit Grand Cru

von der Winzergenossenschaft in Leuvrigny kaufen), da sie der Überzeugung sind, daß er dem Verschnitt Fruchtigkeit und Würze verleiht. Die gegenwärtige *Grande Cuvée* (zuletzt verkostet im Januar 1994) hat nach ein oder zwei enttäuschenden Ergebnissen in den letzten Jahren wieder ihre Höchstform erreicht. Sie ist von schön hellgoldener Farbe, ihr Duft erinnert an Toast, Vanille und Haselnuß, und ihr Geschmack erscheint frischer und munterer als früher, wobei trotzdem eine gewisse Fülle zum Vorschein kommt.

Damit bin ich bei der entscheidenden Frage, wann man diesen Wein trinken sollte: Obwohl die *Grande Cuvée* frühestens nach sechs Jahren Flaschenreife verkauft wird, zahlt es sich wirklich aus, sie noch ein weiteres Jahr zu lagern, bevor man sie öffnet.

Die Jahrgangsweine sind überragende Beispiele für die Kunst des Champagnerverschnitts und ausnahmslos zu empfehlen, da bei Krug großer Wert darauf gelegt wird, sie wirklich nur in außergewöhnlichen Jahren herzustellen. Der gegenwärtig erhältliche 1982er ist ein wuchtiger Wein von intensiver reifer Konzentration, der in den Jahren 1995 bis 2000 getrunken werden sollte. Von den früheren Jahrgängen sind 1979, 1976, 1975, 1973, 1971 und 1969 überragend. Für Liebhaber eines »alten« Weins, der jetzt seinen Höhepunkt erreicht hat, steht der *Krug Collection* 1964 in Magnumflaschen in winzigen Mengen zur Verfügung. Auf Nachfrage können Sammler ein von Henri Krug unterzeichnetes Zertifikat dazu erhalten.

SORTEN

OHNE JAHRGANG

Krug Grande Cuvée

JAHRGANGSCHAMPAGNER

Krug Vintage (1982)

ROSÉ

Krug Rosé

PRESTIGE

Krug Clos Du Mesnil (1982)

Krug Clos du Mesnil 1982: ein überragender Blanc de Blancs ▶

Henri Krug

Krug Jahrgang 1982

Krug Clos du Mesnil 1983

Krug Grande Cuvée

Der *Krug Clos du Mesnil Blanc de Blancs* wird ausschließlich aus Chardonnay-Trauben der Klasse *grand cru* hergestellt, die in einem umfriedeten Weingarten (»clos«) in Le Mesnil-sur-Oger, dem größten Weißweindorf der Côte des Blancs, wachsen. Diese 1,98 Hektar große Rebfläche erwarb das Unternehmen in den siebziger Jahren mit finanzieller Hilfe des Konzerns Rémy Cointreau, der inzwischen einen Mehrheitsanteil an Krug besitzt. Der erste hieraus hervorgegangene Jahrgang war 1979. Wie alle Chardonnay-Champagner aus Le Mesnil ist auch Krugs *Clos* im jungen Alter von beißender Säure, bekommt jedoch nach zwölf bis fünfzehn Jahren Flaschenreifung die Komplexität eines großen Corton Charlemagne. Der 1982er wird sicher ein großer Wein werden, doch sollte man ihn nicht vor der Jahrhundertwende öffnen.

Der *Krug Rosé*, 1983 eingeführt, ist aus demselben Holz geschnitzt wie das übrige Sortiment. Der fest strukturierte, sehr fruchtige und extrem trockene Wein ist als Getränk zu feinen Speisen gedacht. Der berühmte Pariser Küchenchef Alain Senderens kreierte einmal ein ganzes Menü – von in Lauch gehülltem Hummer bis hin zu verschiedenen Kalbfleischgerichten – um diesen Wein. Sicherlich eine gute Sache, aber bei weitem nicht so interessant wie die anderen Weine von Krug.

Reims

500.000 Flaschen

beste Qualität,
die erhältlich ist

Silberne Dosage-Meßkännchen und Korken bei Krug

LANSON

Lanson, eines der ältesten Unternehmen in der Champagne, wurde früher stets für seine Weine gelobt, die ihren Preis mehr als wert waren, sowie für seine hervorragenden Jahrgangschampagner. Doch die Veränderungen, die in letzter Zeit in diesem Hause stattgefunden haben, scheinen eine Verminderung der Qualität zur Folge zu haben.

Es ist eine traurige Geschichte. Noch 1990 schien es, als habe sich Lanson der modernen Welt gut angepaßt: Sein meistverkaufter *Black Label Brut* war ein guter, zuverlässiger Wein, und seine Jahrgangschampagner zählten zu den besten weit und breit. Doch 1991 verlor Lanson alle 208 Hektar seiner großartigen Rebflächen, als das Unternehmen vom Konzern Louis Vuitton-Moët-Hennessy an ein von Marne et Champagne angeführtes Konsortium verkauft wurde. Bei einer Probe des jahrgangslosen *Black Label Brut*, dem Aushängeschild dieses Hauses, im Januar 1994 gewann ich den Eindruck, daß der für die Zukunft zu erwartende Stil und die Qualität dieser Champagner zweifelhaft

Black Label Brut

Brut 1985

Brut Rosé

geworden sind. Meiner Ansicht nach war der *Black Label Brut* nur noch ein schwacher Abglanz der einstigen Qualität – sauer, unreif und ohne Charme. Das gleiche gilt für den *Rosé Brut*. Man sollte sich beeilen, will man noch etwas von den verbleibenden Lagerbeständen der 1985er Jahrgangschampagner erhaschen. Insbesondere die *Noble Cuvée* ist ein wunderbarer Wein und ein Meisterstück an Wucht, Fülle und Ausgewogenheit. Sie wurde aus den Trauben der Weinberge hergestellt, die sich noch im Besitz der Familie befanden, und ohne malolaktische Gärung gekeltert, um Langlebigkeit zu gewährleisten. Als Reminiszenz an alte Zeiten verdient das Unternehmen immer noch einen Stern; doch wenn Lanson seinen Ruf als eine der echten *grandes marques* wiedererlangen will, bedarf es dringender Maßnahmen zur Verbesserung seiner jahrgangslosen Weine.

Noble Cuvée

⊕	Reims
🍷	5 Mio. Flaschen
★	gute Qualität

SORTEN

OHNE JAHRGANG

Black Label Brut

ROSE

Rosé

JAHRGANGSCHAMPAGNER

Brut (1985)

PRESTIGE

Noble Cuvée (1985)

Brut 1985 ▶

LARMANDIER-BERNIER

*Pierre Larmandier produziert Champagner, die zu den stilvollsten der Côte des Blancs gehören, denn er kann auf die hervorragenden Trauben der zwölf Hektar umfassenden Rebflächen der Familie zurückgreifen, die sich über die Chardonnay-*grands-crus *von Cramant, Chouilly und Oger ausbreiten.*

In Vertus baut Larmandier Chardonnay und eine geringe Menge Pinot Noir an. Das Durchschnittsalter der Reben beträgt dreißig Jahre, obwohl er auch eine beträchtliche Anzahl alter Reben besitzt. Die Weine werden in Edelstahlfässern vergoren, deren Temperatur ständig kontrolliert wird, und ausnahmslos der malolaktischen Gärung unterzogen. Sie reifen mindestens drei Jahre in der Flasche und erhalten beim Degorgieren nur eine geringe Dosage. Anschließend ruhen die Weine noch wenigstens drei Monate, bevor sie ausgeliefert werden. Das Ergebnis ist ein fester und prägnanter Champagner, der jedoch einen schönen Ausdruck von rein schmeckender, unverfälschter Chardonnay-Frucht besitzt.

Die Cuvées aus diesem Sortiment, die man sich merken sollte, sind der *Brut Blanc de Blancs Premier Cru*, der leicht und frisch im Aroma ist (ein

Cramant Grand Cru

Brut Rosé

Brut Premier Cru Blanc de Blancs

wunderbarer Aperitif), sowie der *Cramant Grand Cru*, ein vielschichtigerer Champagner mit einem langanhaltenden Geschmack am Gaumen. Die Champagner von Larmandier-Bernier haben echte Klasse und sind – da außer in Frankreich und Belgien nur wenig bekannt – eine Rarität mit einem hervorragenden Preis-Leistungs-Verhältnis. Probieren kann man sie im Pariser Restaurant Benoît in der Rue Saint-Martin (4. Arrondissement).

Brut Tradition

Blanc de Blancs Premier Cru

Vertus

85.000 Flaschen

★★ hervorragende Qualität

SORTEN

PRESTIGE

BRUT BLANC DE BLANCS PREMIER CRU

CRAMANT GRAND CRU

Brut Blanc de Blancs Premier Cru ▶

Laurent-Perrier

Wie verschiedene andere große Champagnerhäuser hat Laurent-Perrier seinen Ruf vor allem geschäftstüchtigen Witwen zu verdanken. Heute geht aus diesem grande-marque-*Haus das mannigfaltigste und phantasievollste Weinsortiment der gesamten Region hervor. Darüber hinaus gehörte dieses Unternehmen immer zu den couragiertesten Schrittmachern.*

Nach dem Tod ihres Mannes Eugène Laurent im Jahre 1887 ergänzte Mathilde Perrier den Namen des Unternehmens durch ihren eigenen und leitete die Firma 38 Jahre lang mit großem Erfolg – 1914 verkaufte die Witwe Laurent-Perrier 600 000 Flaschen hervorragenden Champagner –, verlor jedoch im Ersten Weltkrieg einen großen Teil ihrer Familie und starb 1925 kinderlos. 1938 übernahm Marie-Louise de Nonancourt, ebenfalls eine Witwe und Schwester von Victor und Henri Lanson, das vom Aussterben bedrohte Unternehmen mit der Absicht, es ihrem Sohn Maurice zu vererben.

Als die Deutschen während der Besetzung Frankreichs von Maurice de Nonancourt verlangten, für sie zu arbeiten, versuchte er, über Spanien nach England zu fliehen, wurde jedoch an der spanischen Grenze verhaftet und starb im Konzentrationslager Oranienburg. Sein jüngerer Bruder Bernard schloß sich der Résistance an; den größten Teil des Krieges verbrachte er bei einer Widerstandsgruppe in den französischen Alpen. Dort lernte er, daß man sich, will man überleben, mit erfahrenen Menschen umgeben muß. Als Bernard de Nonancourt 1948 Laurent-Perrier übernahm, wählte er die Partner, die ihm beim Wiederaufbau des Unternehmens helfen sollten, mit äußerster Sorgfalt aus. In den letzten 45 Jahren hat sich Laurent-Perrier von einem winzigen

Weinkeller mit Fässern bei Laurent-Perrier

Konzern zum viertgrößten Champagnerhaus gemausert, das jährlich etwa sieben Millionen Flaschen verkauft.

Das Stammhaus von Laurent-Perrier befindet sich, von Weinbergen umgeben, in Tours-sur-Marne, 13 Kilometer östlich von Epernay. Diese Lage ist bezeichnend, denn spricht man mit den Menschen, die hier arbeiten, so bleibt kein Zweifel, daß die Champagnerherstellung eine Kunst ist, für die hervorragende Trauben unerläßlich sind. Das Unternehmen besitzt 100 Hektar Rebflächen, die etwa zwölf Prozent seines Bedarfs decken, und arbeitet mit einem ganzen Netzwerk von Winzern zusammen.

In einer kühnen Abkehr von der konventionellen Praxis beschloß Laurent-Perrier 1957, eine jahrgangslose Prestigecuvée namens *Grand Siècle* herzustellen. Dies geschah aus der Überzeugung heraus, daß durch den Verschnitt von Weinen aus drei großen Jahren ein ausgewogener Geschmack erreicht würde. Seitdem ist der *Grand Siècle* stets ein großartiger Wein gewesen und wird gelegentlich – in außergewöhnlichen Jahren – mit einem Jahrgangsetikett versehen. 1981 brachte Laurent-Perrier seine erste *Cuvée Ultra Brut* heraus, einen sehr trockenen Champagner ohne *dosage*. Damit wurden die »zuckerlosen« Champagner wiedererschaffen, die das Haus in den neunziger Jahren des vorigen Jahrhunderts in England (wo sonst?) verkauft hatte. Man muß kein Diabetiker sein, um diesen Wein zu schätzen, denn er ist zwar knochentrocken, zieht aber keineswegs die Schleimhäute zusammen, da er immer aus den Trauben eines reifen Jahres gemacht wird; an einem heißen Sommerabend ist er wunderbar erfrischend.

Tours-sur-Marne

7 Mio. Flaschen

beste Qualität, die erhältlich ist

Rosé Brut ▶

Laurent-Perrier gehört auch zu den sehr wenigen Häusern, die Rosé-Champagner nach der schwierigeren Methode herstellen: Die Traubenschalen der Pinot Noir werden mit dem Saft in Kontakt gebracht, um die erwünschte Farbe zu erhalten. Und als ob das noch nicht genügte, ist Laurent-Perrier zudem der führende Spezialist für die – roten und weißen – stillen Coteaux-Champagne-Weine. Alain Terrier, der Kellermeister von Laurent-Perrier, gehört zu den begabtesten Weinherstellern, die mir jemals begegnet sind. Der aus Bordeaux gebürtige Önologe, der auf den ersten Blick etwas ernst und professoral wirkt, eröffnete mir faszinierende Einblicke in die Kunst des Verschneidens, als ich im Januar 1994 mit ihm zusammen die gegenwärtig auf dem Markt befindlichen Champagner auf dem Gut probierte.

Kommen wir nun zu den einzelnen Sorten. Der gegenwärtige *Ultra Brut* ist von schimmernder, grüngoldener Farbe; er hat das Aroma reifer Aprikosen und einen vollen Geschmack im Mund, fernab jeder Aggressivität. Ein sehr hoher Anteil der verschnittenen Weine stammt aus dem 1985er Jahrgang. Der *Brut L.P.*, das Aushängeschild von Laurent-Perrier, ist zur Zeit besonders gut und wurde im wesentlichen aus den Trauben des heißen Jahrgangs 1989 gewonnen. Ein Hauch von Brioche und Mandarine geht allmählich in einen runden, fülligen Geschmack über. Der Jahrgang 1988 (53 Prozent Chardonnay, 47 Prozent Pinot Noir) hat ein für Pinot Noir typisches Pilzaroma, welches den Geschmack im Moment noch überlagert; doch mit der weiteren Reifung wird der Chardonnay-Geschmack mehr und mehr die Oberhand gewinnen.

Der gegenwärtige *Grand Siècle* besteht vorwiegend aus 1988er Wein mit kleineren Anteilen von 1985 und 1982, und der Chardonnay tritt hier leicht in den Vordergrund. Der *Grand Siècle* präsentiert sich fein, delikat und gut ausgewogen und besitzt

◄ *Grand Siècle: Prestige Cuvée, ein Verschnitt aus drei Jahrgängen*

einen langen, üppigen Nachgeschmack. Der *Grand Siècle Exceptionellement Millésimé* 1985 ist sensationell; hier dominiert Pinot Noir (58 Prozent) den Verschnitt, denn diese Traube war im Gebiet der Champagne in jenem Jahr sehr reif. Der Wein hat einen wunderbar toastartigen Charakter. Der *Grand Siècle Alexandra Rosé* 1982 ist ein backsteinfarbener Roséchampagner von seltener Weinigkeit.

SORTEN

OHNE JAHRGANG

ULTRA BRUT
BRUT L. P.

ROSÉ

ROSÉ BRUT

JAHRGANGSCHAMPAGNER

BRUT (1988)

PRESTIGE

GRAND SIÈCLE

GRAND SIÈCLE EXCEPTIONELLEMENT MILLÉSIMÉ (1985)

GRAND SIÈCLE ALEXANDRA BRUT ROSÉ (1982)

Cuvée Ultra Brut

Brut Vintage 1985

Pinot-Franc: ein stiller Pinot Noir

Der stille Blanc de Blancs de Chardonnay

R & L Legras

René und Lucien Legras gründeten im Jahre 1972 dieses kleine, auserlesene Champagnerunternehmen – ihr Grand Cru Blanc de Blancs ist der Hauschampagner zahlreicher von Michelin empfohlener französischer Restaurants.

Die Familie Legras, Winzer seit dem 18. Jahrhundert, besitzt 21 Hektar Rebfläche an der Côte des Blancs. Ihr Blanc des Blancs ist von grün-goldener Farbe und hat eine ausgesprochen feine *mousse*, ein blumiges, klares Chardonnay-Aroma, einen abgerundeten toastigen Geschmack und einen langanhaltenden Abgang. Der Prestigechampagner *Cuvée St Vincent* ist ein reicher, ausentwickelter Chardonnay-Champagner mit unverwechselbarem Walnußaroma – ähnlich wie der Champagner von Salon. Der *Brut Intégral* gehört zu den ersten zuckerlosen Champagnern, die in den siebziger Jahren entwickelt wurden. Der gegenwärtige besitzt einen Anflug von Blumenduft, ist zugleich knochentrocken, ohne jedoch zu streng zu wirken.

Chouilly
250.000 Flaschen
★★ hervorragende Qualität

SORTEN

OHNE JAHRGANG

Blanc de Blancs
Brut Intégral

JAHRGANGSCHAMPAGNER

Blanc de Blancs
mit Jahrgang

PRESTIGE

Cuvée St Vincent

Brut Blanc de Blancs Grand Cru ▸

Abel Lepitre

Das 1924 von Abel Lepitre gegründete und nach dem Zweiten Weltkrieg von seinem Sohn stark erweiterte Unternehmen hatte in den sechziger Jahren einen sehr guten Ruf, insbesondere wegen seiner hervorragenden Prestigecuvée Prince A. de Bourbon Parme.

Seit 1970 hat Abel Lepitre häufig den Besitzer gewechselt, bis es schließlich vom Konzern Marie Brizard gekauft wurde, dem das hervorragende, in Mareuil-sur-Ay beheimatete Haus Philipponat gehört. Anscheinend hat sich in dem Unternehmen einiges zum Besseren gewendet, denn es lohnt wieder, sich auf die Suche nach Champagnern von Lepitre zu begeben.

Der Standard-*Brut* (60 Prozent Pinot Noir, 25 Prozent Chardonnay, 15 Prozent Pinot Meunier) hat ein schön entwickeltes Nußbukett und sein reiner Fruchtgeschmack ist rund und füllig. Den *Brut* des Jahrgangs 1986 (ein klassischer Verschnitt von Pinot Noir und Chardonnay im Verhältnis sechzig zu vierzig) kann man als Paradebeispiel für einen reifen Champagner zitieren – honigartig und doch frisch. Die jahrgangslose *Cuvée 134* ähnelt dem Stil nach den alten *Crémant-Champagnern*, die den Ruf des Hauses begründeten; er besteht aus 100 Prozent Chardonnay, hat eine zarte *mousse* und ist leicht, prägnant, von nicht allzu großer Körperfülle und ideal als Aperitif. Der mit Jahrgang versehene *Rosé*, gegenwärtig ein 1986er, ist ein Verschnitt aus 55 Prozent Pinot Noir, 35 Prozent Chardonnay und 15 Prozent Bouzy-Rotwein: eine feine Sache.

- Mareuil-sur-Ay
- 400.000 Flaschen
- ★ gute Qualität

Brut ohne Jahrgang ▶

SORTEN

OHNE JAHRGANG	ROSÉ
Brut	Brut Rosé (1986)
Cuvée 134	

JAHRGANGSCHAMPAGNER

Brut (1986)

Cuvée Millésimée 1985

Brut o. J.

Brut Rosé

Brut Jahrgang 1986

Cuvée 134

Demi-Sec

MAILLY

Die Mailly-Champagner bestehen ausnahmslos zu mindestens 75 Prozent aus Pinot Noir, daher ist der Stil des Hauses von der jugendlichen Fruchtigkeit dunkler Trauben geprägt.

Die bekannte Winzergenossenschaft in der Montagne de Reims wurde 1929 gegründet und besteht aus siebzig Mitgliedern, die 70 Hektar Rebfläche der Klasse *grand cru* in der Gemeinde Mailly bewirtschaften. Entweder man mag den jungen, vom Pinot beherrschten Stil der Mailly-Champagner, oder man mag ihn nicht. Ich persönlich meine, daß einige der Cuvées dieses Hauses eine längere Flaschenreifung vertragen könnten. Zu empfehlen sind: Der *Mailly Grand Cru Brut Réserve*, der voll primärer Pinot-Noir-Frucht ist, einen großen Geschmack und einen Hauch von Wurzelgemüse im Abgang besitzt. Der 1988er *Mailly Grand Cru* hat einen ähnlichen Stil wie der *Brut Réserve*, entfaltet im Geschmack jedoch mehr Intensität (obwohl er immer noch sehr jung schmeckt). Erstaunlicherweise macht man den besten Kauf mit dem *Mailly Coteaux Champenois Rouge*, einem wirklich guten Rotwein mit einer schön modulierten Rubinfarbe und einer harmonischen Ausgewogenheit zwischen Finesse, Geschmack und Weinigkeit sowohl im Aroma als auch am Gaumen.

Cuvée des Echansons

Grand Cru Brut Réserve ▶

Brut Blanc de Noirs

Grand Cru Brut 1988

Grand Cru Brut Réserve

Grand Cru Rosé Brut

Mailly
600.000 Flaschen
★ gute Qualität

SORTEN

OHNE JAHRGANG

Grand Cru Brut
Réserve
Coteaux
Champenois Rouge

ROSÉ

Grand Cru Rosé
Brut

JAHRGANGSCHAMPAGNER

Grand Cru Brut
(1988)

MERCIER

Eugène Mercier, der dieses Haus 1858 gründete, förderte gewissermaßen die Demokratisierung des Champagners. Er spezialisierte sich auf die Massenproduktion für das Volk. Mercier-Weine sind sehr reelle Ware.

Mercier dachte immer in großen Dimensionen: Über zwanzig Jahre hinweg baute er zur Vorbereitung auf die Pariser Weltausstellung im Jahre 1889 das zweitgrößte Weinfaß der Welt; 24 Ochsen brauchten drei Wochen, um das Faß in die Hauptstadt zu befördern. Doch der auf Wirkung bedachte Mercier wurde vor allem wegen der außergewöhnlichen Weinkeller bekannt, die er auf dem Hügel in der Avenue de Champagne in Epernay anlegte. Die breiten unterirdischen Stollen haben eine Gesamtlänge von 16 Kilometern, und man kann sie täglich mit der kleinen Elektrobahn des Unternehmens besichtigen. Die Familie Mercier erwarb in den fünfziger Jahren dieses Jahrhunderts zahlreiche Rebflächen im Marnetal, die vorwiegend mit Pinot Meunier bepflanzt sind. 1970 wurde das Unternehmen von Moët & Chandon gekauft und gehört nun zum LVMH-Konzern.

Obwohl Mercier die Zusammensetzung seiner Cuvées nicht preisgibt, kann man davon ausgehen, daß sie zum großen Teil auf Pinot Meunier basieren, was zu ihrem reichen, würzigen Geschmack und ihrem ausgesprochen konkurrenzfähigen Preis beiträgt. Von den annehmbaren Weinen sollte man sich den aromatischen *Rosé Brut* mit seiner schönen Ausgewogenheit zwischen Frucht und Säure, den erfolgreichen, sauber schmeckenden und nicht unangenehmen *Demi-Sec* und den 1986er Jahrgangschampagner *Brut* merken, der einen reifen chardonnayartigen Charakter hat.

Brut 1986 ▶

SORTEN

OHNE JAHRGANG

Brut
Demi-Sec

ROSÉ

Rosé Brut

JAHRGANGSCHAMPAGNER

Brut (1986)

PRESTIGE

Prestige Cuvée
Bulle d'Or

Epernay
5,7 Mio. Flaschen
★ gute Qualität

Brut 1986

Brut o. J.

Demi-Sec

Brut Rosé

MOËT & CHANDON

Moët & Chandon ist der Riese unter den Champagnerherstellern und wächst immer noch weiter. Bis 1987 lag etwa ein Viertel des Verkaufs aus dieser Region in der Hand dieses Unternehmens und seiner Tochtergesellschaften Mercier und Ruinart; heute, da auch Veuve Clicauot und Pommery dazugehören, beherrscht der Moët-Konzern (LVMH) den Export vollständig.

Trotz des riesigen Betriebes ist die Qualität der Weinherstellung bei Moët sehr hoch, was dem außergewöhnlich innovativen technischen Management und der Finanzstärke des Unternehmens beim Erwerb der besten Trauben zu verdanken ist. Außerdem besitzt Moët die größten Rebflächen sämtlicher Champagnerhäuser – 500 Hektar, die gegenwärtig bewirtschaftet werden. Diese decken jedoch nur etwa 20 Prozent seines Bedarfs, denn alle zwei Sekunden wird irgendwo auf der Welt eine Flasche Moët geöffnet.

Claude Moët, ein Makler und Winzer aus dem Grande Vallée de la Marne, gründete das Unternehmen 1743. Doch berühmt wurde es eigentlich erst durch seinen Enkel Jean-Rémy Moët und dessen Freundschaft mit Napoleon. Zwischen 1805 und seinem Tod im Jahre 1841 war Moët der berühmteste Weinhersteller Europas; eine wahre Flut von Aufträgen ergoß sich über das Unternehmen, das so zum wichtigsten Champagnerhaus wurde. Gegenüber den Geschäftsräumen von Moët in der Avenue de Champagne in Epernay befindet sich das Trianon, zwei weiße Pavillons mit einem symmetrischen, vertieft angelegten Garten und einer wunderschönen Orangerie. Es wurde von Jean-Rémy für Napoleon und sein Gefolge errichtet, die hier auf dem Weg zu den Schlachtfeldern Osteuropas bzw. bei ihrer Rückkehr Rast machten. Wie damals dient das Trianon noch heute zur Bewirtung der Prominenten.

Das Trianon in Epernay

1832 wurde der Name von Jean-Rémys Schwiegersohn Pierre Gabriel Chandon de Brialles ins Firmensignet aufgenommen. Mitte des 19. Jahrhunderts war die Familie der größte Weinbergbesitzer der Champagne; die Liste der Kunden wurde immer länger, und Richard Wagner tröstete sich mit einer Flasche Moët, als 1861 seine Oper *Tannhäuser* bei der Premiere in Paris durchgefallen war. Kurz vor der Jahrhundertwende hielt Moët & Chandon am boomenden Exportmarkt einen Anteil von 16 Prozent. Danach ging es mit dem Unternehmen stetig bergab, bis es von Comte Robert-Jean de Voguë Anfang der dreißiger Jahre dieses Jahrhunderts gerettet wurde.

Unbeeindruckt von den Folgen der großen Depression überzeugte de Voguë seine Partner, als Prestigecuvée für den Exportmarkt eine ungenutzte Marke namens Dom Pérignon herauszubringen, die er 1930 von Mercier gekauft hatte. Das war werbetechnisch ein brillanter Schachzug – bedenkt man, daß Moët & Chandon schon lange im Besitz der Abtei und der Weinberge von Hautvillers war und das Unternehmen so eine direkte Verbindung mit dem berühmten Mönch und Champagnerhersteller vorweisen konnte. Die ersten Sendungen trafen 1935 in London und 1936 in New York ein. Seitdem ist *Dom Pérignon* der berühmteste Champagner in den USA. Nach dem Zweiten Weltkrieg konnte de Voguë, der die Internierung in einem deutschen Konzentrationslager überlebt hatte, die Verkaufszahlen des Unternehmens rasch steigern. 1962 notierte Moët, dessen Verkauf auf zehn Millionen Flaschen pro Jahr gestiegen war, als erstes Champagnerhaus an der französischen Börse. Nun folgte eine

Dom Pérignon Rosé 1982

◀ *Dom Pérignon 1985*

Periode enormen Wachstums, in der Moët die Konkurrenzunternehmen Ruinart (1963) und Mercier (1970) und schließlich noch den Parfümhersteller Christian Dior (1971) erwarb. 1973 begann Moët mit dem Aufbau seines ersten Schaumweinhauses in der Neuen Welt und kaufte die Domaine Chandon im kalifornischen Napa Valley. Schon zwölf Monate später folgte eine weitere Tochtergesellschaft in Brasilien. Der bis heute eindrucksvollste Schaumweinbetrieb (was den wirklich hervorragenden Flascheninhalt betrifft) ist indes die Domaine Chandon im australischen Yarra Valley, wo seit 1985 Dr. Tony Jordan aus klassischen Trauben Weine nach der *méthode champenoise* herstellt, die mit ihrem französischen Vorbild durchaus konkurieren können. Außerdem produziert Moët auf dem Weingut Chandon im spanischen Penedés auch *Cava.*

Die jahrgangslosen Moët-Champagner aus dem heimischen Epernay sind (nach einer Pechsträhne in den siebziger Jahren) wieder ordentlich und zuverlässig, und die Jahrgangsweine repräsentieren die jeweiligen Ernten in hervorragender Weise. Das Aushängeschild des Unternehmens, die *Brut Impérial Première Cuvée* ist ein heller, fruchtiger Wein, dessen Geschmack von dunklen Trauben, aber auch von einem erheblichen Anteil an Chardonnay geprägt ist. Er scheint sich immer noch reichlich zu verbessern, wenn man ihn nach der Auslieferung weitere zwölf Monate in der Flasche ruhen läßt, und selbst alte Jahrgänge können noch springlebendig sein. Der *Brut Impérial* des Jahrgangs 1986 ist

SORTEN

OHNE JAHRGANG

Brut Impérial
Première Cuvée
Demi-sec

JAHRGANGSCHAMPAGNER

Brut Impérial (1986)
Brut Impérial Rosé (1986)

PRESTIGE

Dom Pérignon (1985)
Dom Pérignon Rosé
(1982)

Brut Impérial ▶

ein äußerst eigenwilliger Champagner mit üppigem Geschmack und einem – für Moët typischen – Hauch von Gewürzen und dunklem Brot, der zum Teil auf die dreißig Prozent Pinot Meunier zurückzuführen ist.

Der *Dom Pérignon* des Jahrgangs 1985 mit seinem eher hohen Anteil an Chardonnay und mit seinem reifen Pinot Noir aus den eigenen Weinbergen auf der Montagne de Reims und im Grande Vallée de la Marne ist ein wirklich üppiger und doch schön ausgewogener Wein – das Werk von Richard Geoffroy, einem ehemaligen Arzt, der zu den besten Kellermeistern der Champagne zählt. Der *Dom Pérignon Rosé* 1982 gehört ebenfalls zu den Meisterwerken: pfirsichfarben und mit einem herrlichen, voll entwickelten Chardonnay-Geschmack, der auch den anspruchsvollsten Kenner überzeugen wird. Gegenwärtig sind beide *Dom-Pérignon*-Weine Prestigecuvées und ihren sehr hohen Preis wert.

Epernay
24 Mio. Flaschen
★★ hervorragende Qualität

Brut Impérial 1988

Brut Impérial Rosé 1986

Brut Impérial o. J.

White Star: die meistverkaufte Cuvée o. J. in den USA

Jean Moutardier

Wenn der Kellermeister von Veuve Clicquot seine Champagner komponiert, nimmt er, so heißt es, immer den Pinot Meunier von Jean Moutardier als Maßstab zur Beurteilung der anderen Weine.

Moutardier ist wahrscheinlich der beste Vertreter der auf Pinot Meunier beruhenden Champagner, und seine Kreationen strafen den Mythos Lügen, die edelsten Schaumweine bestünden immer aus Pinot Noir und Chardonnay. Heute verkauft Moutardier den größten Teil seiner Produktion als fertigen Champagner direkt von seinem 20 Hektar umfassenden Gut mit modernen Weinkellern in Le Breuil, einem kleinen Dorf bei Dormans. Jean Moutardier stehen seine Töchter zur Seite, von denen eine, Lily, mit einem Engländer verheiratet ist. Dieser quittierte seinen Job als Industriemanager, erlernte in der Weinschule von Avize die Champagnerherstellung und wird bald das Geschäft von seinem Schwiegervater übernehmen.

Der *Moutardier Brut Réserve* (ein Jahrgangswein) besteht ausschließlich aus Pinot Meunier –

SORTEN

OHNE JAHRGANG

Moutardier Carte d'Or

ROSÉ

Moutardier Rosé Brut

JAHRGANGSCHAMPAGNER

Moutardier Brut Réserve (1986)

PRESTIGE

Moutardier Brut Sélection

Carte D'Or ▶

eine echte Rarität. Der 1986er hat eine ausgeprägte tiefgoldene Farbe und einen intensiven Geschmack nach reifer, roter Frucht mit einem Hauch von Gewürz, ist jedoch durch eine wunderschöne Säure sehr ausgewogen. Der *Carte d'Or* (ohne Jahrgang) besteht zu 80 Prozent aus Pinot Meunier, ist sehr fruchtig und körperreich, ohne jedoch schwer zu sein, und seinen Preis wert. Moutardier bietet auch einen wohlschmeckenden, lachsfarbenen Rosé mit einer köstlichen Fruchtigkeit von Wilderdbeeren an. All diese Weine mit kühner Geschmacksnote, insbesondere der Rosé, eignen sich hervorragend als Getränk zur chinesischen Küche.

Vollkommen anders ist der Spitzenchampagner *Brut Sélection* mit seiner klassischen Mischung aus Pinot Noir und Chardonnay. Er zeichnet sich vor allem durch Feinheit aus, hat eine nuancierte Farbe, eine zarte *mousse* und einen langanhaltenden, komplexen Geschmack. Dennoch ist dieser Champagner weniger *brut* als viele andere und hat eine ziemlich hohe Dosage.

Le Breuil
180.000 Flaschen
★★ hervorragende Qualität
Pekingente

Moutardier Rosé Brut

Moutardier Brut Sélection

Moutardier Carte D'Or Brut

Jahrgangschampagner Brut Réserve 1988

G.H. Mumm

Auf dem US-Markt ist seit Beginn der fünfziger Jahre Cordon Rouge *der Champagnername schlechthin, und die Werbewirksamkeit dieses Etiketts ist so hoch, daß Mumm auch andere Champagner aus seinem Sortiment – sowohl mit als auch ohne Jahrgang – damit auszeichnet.*

Das Unternehmen wurde 1827 von den Brüdern Jules, Edouard und Gottlieb de Mumm und deren Partner M. Giesler gegründet. Die Brüder Mumm, deutsche Protestanten, stammten aus Rüdesheim im Rheingau, wo sie Weinberge und ein bedeutendes Weinhandelsgeschäft besaßen. 1838 trat G.H. Mumm, Gottliebs Sohn, in das Unternehmen ein, das 1853 nach ihm benannt wurde. In den folgenden fünfzig Jahren waren die Mumms zwar die Besitzer und Chefs der Firma, blieben aber deutsche Staatsbürger. Folglich konfiszierte die französische Regierung bei Ausbruch des Ersten Weltkriegs im Jahre 1914 ihr Vermögen und ihre Weinberge; 1920 wurde G.H. Mumm und Co., damals der größte Champagnerhersteller in Reims, bei einer Versteigerung zum Verkauf ange-

Reims
10,8 Mio. Flaschen
★ gute Qualität

Mumm de Cramant

Cordon Rouge Brut o. J. ▶

boten; das Unternehmen ging an die *Societé Vinicole de Champagne Successeurs.* 1955 wurde der kanadische Konzern Seagram Teilhaber an Mumm, später übernahm er die Kapitalmehrheit, so daß Mumm heute zu einem riesigen internationalen Getränkekonzern gehört.

Mumms Aushängeschild ist wahrscheinlich berühmter als der Name seines Herstellers. Der *Cordon Rouge* wurde 1875 vom Pariser Agenten der Firma eingeführt, der die schlaue Idee hatte, die Flasche mit dem Band der Ehrenlegion zu verzieren, um den Verkauf zu fördern. Später wurde das Band wieder abgeschafft und durch ein Etikett mit einem breiten, diagonal verlaufenden roten Streifen mit dem Aufdruck *Cordon Rouge* ersetzt. Erst 1991 griff man auf das alte Dekor zurück, und die neue Prestigecuvée, der 1985er *Mumm Grand Cordon Rouge*, trägt wieder das imitierte Band der Ehrenlegion. Sortiment und Stil der Champagner mit dem Cordon-Rouge-Etikett sind zu mannigfaltig, als daß man sie mit allgemeinen Begriffen beschreiben könnte. Wenden wir uns also der Frage zu, welche Qualität die einzelnen Weine dieses Champagnerhauses haben, das zu den wichtigsten der Branche gehört.

Der außerordentlich erfolgreiche jahrgangslose *Cordon Rouge Brut* hat in Expertenkreisen unterschiedliche, manchmal geradezu vernichtende Kritiken bekommen. Im Dezember 1990 hieß es in der französischen Zeitschrift *Que*

Cordon Vert Demi-Sec

◀ *René Lalou Prestige Cuvée*

Choisir, er sei »sehr niedrig einzuschätzen, habe zu kleine Perlen, ein kräftiges, aber unausgewogenes Aroma, für manchen Geschmack zu viel Säure und nicht genügend Abgang«. Meinem eigenen Eindruck nach ist diese Cuvée (verkostet im Dezember 1993) ein frischer, fruchtiger Wein mit einem jungen, ziemlich unreifen Stil, der künstlich zu einem nicht ganz einwandfreien trockenen Geschmack abgerundet wurde, indem eine für einen wirklichen *Brut*-Champagner leicht überdurchschnittlich hohe Dosage verwendet wurde. Es handelt sich um ein annehmbares, aber nicht aufregendes Getränk, das für seinen Preis eine relativ dürftige Qualität liefert. Der *Cordon Vert* (ebenfalls jahrgangslos) ist ein fülliger, weicher, runder Champagner, der als *Demi-Sec* bezeichnet wird, aber in Wirklichkeit recht süß ist.

Mumm de Cramant ist ein ungewöhnlicher Wein, der aus verschiedenen Chardonnay-Jahrgängen und mit 100 Prozent auf der *échelle des crus* bewerteten Lagen in Cramant hergestellt wird. Der schön zitronenfarbene Wein hat eine zarte Perlage, der Geschmack ist trocken, ausgesprochen rein und frisch mit einer Note von Zitrone und Butter. Dennoch handelt es sich um einen sehr leichten Wein mit einem für meinen Geschmack zu kurzen Abgang. Der *Cordon Rouge* 1985 ist ein guter Jahrgangschampagner (70 Prozent Pinot Noir, 30 Prozent Chardonnay) mit einem nussigen Aroma und einem angenehm reifen Einschlag. Der *Cordon Rouge*

Jahrgangschampagner Cordon Rouge 1985

Mumm de Cramant Blanc de Blancs: 100% Chardonnay-Champagner aus Cramant ▶

Rosé des Jahrgangs 1985 mit seiner tiefrosa Farbe hat die gleiche Zusammensetzung wie der *Cordon Rouge*; der Duft von weicher roter Frucht bestätigt sich am Gaumen – ein in jeder Hinsicht ausgezeichneter Rosé. Die beiden Prestigecuvées von Mumm sind ebenfalls erstklassig, was man allerdings auch erwarten darf, da sie sehr teuer sind. Der *René Lalou* 1985, angeblich der Lieblingsschampus Ihrer Majestät, der Königinmutter Elizabeth, ist ein großer Champagner (50 Prozent Pinot Noir, 50 Prozent Chardonnay), von reifem Geschmack und ohne jede Strenge; der 1985er *Grand Cordon Rouge*, der Star des Sortiments, ist fein, aber metallisch, und scheinbar dominiert der Chardonnay-Charakter (tatsächlich 50 Prozent), der auf die besten Côte-des-Blancs-Trauben aus Cramant und Avize zurückzuführen ist; der großartige Nachgeschmack aber hat die Intensität von Pinot Noir der Klasse *grand cru*, der die andere Hälfte des Verschnitts ausmacht.

SORTEN

OHNE JAHRGANG

Cuvée Cordon Rouge

Cuvée Cordon Vert, Demi-sec

JAHRGANGSCHAMPAGNER

Cordon Rouge (1985)

Cordon Rouge Rosé (1985)

PRESTIGE

René Lalou (1985)

Grand Cordon Rouge (1985)

Mumm de Cramant

René Lalou 1985 Prestige

Grand Cordon 1985 (Prestige)

NAPOLÉON

Lassen Sie sich nicht von den streng wirkenden Etiketten oder den altmodischen Räumlichkeiten täuschen, deren Besuch wie ein Spaziergang durch die Vergangenheit wirkt, denn Napoléon-Champagner sind immer gut und manchmal hervorragend.

Dieses kleine Juwel von einem Unternehmen, das seinen Sitz in Vertus am Südrand der Côte des Blancs hat, wurde 1825 gegründet und heißt nach den Söhnen des Gründers eigentlich Ch. & A. Prieur. 1898 gelang es der dritten Familiengeneration, den Namen Napoléon als Marke registrieren zu lassen, und sie lieferte ein kleines Kontingent von Champagner nach Rußland. Der jahrgangslose Standardchampagner *Napoléon Carte Verte Brut* besteht in der Regel aus drei Vierteln Pinot Meunier und einem Viertel Chardonnay; er ist leicht und rein im Geschmack und sollte früh getrunken werden. Der *Napoléon Carte d'Or* ist trotz seines kitschigen Etiketts ein wunderbarer Champagner. Der Chardonnay-Anteil, obwohl er nur etwa 40 Prozent beträgt, bewirkt Eleganz und schöne Ausgewogenheit, doch der Wein hat auch echte Fülle, die auf Pinot Noir zurückgeht – die angenehmste Überraschung, die ich bei den Nachforschungen für dieses Buch mit einem Champagner erlebte. Der 1985er Jahrgangschampagner *Brut* schmeckt auffällig ähnlich wie der *Carte d'Or.* Vielleicht sind sie miteinander verwandt. Bis 1994 war das Unternehmen, das immer noch von der Familie Prieur geleitet wird, das kleinste *grande-marque*-Haus. Doch dann verzichtete es auf diesen Status, da es finanziell nicht mehr mit den Werbemaßnahmen der anderen Häuser Schritt halten konnte.

Napoléon Tradition Carte d'Or Brut: ein hervorragender traditioneller Champagner ▶

SORTEN

OHNE JAHRGANG	JAHRGANGSCHAMPAGNER
Napoléon Carte Verte Brut	Napoléon Brut (1985)
Napoléon Tradition Carte D'Or Brut	

Napoléon Carte Verte Brut

Jahrgangschampagner 1973

Vertus
160.000 Flaschen
★★ hervorragende Qualität

Etienne Prieur vom Champagnerhaus Napoléon

Bruno Paillard

Bruno hat sich auf sehr trockene, tiefschmeckende Champagner mit minimaler dosage *spezialisiert. Seine Jahrgangschampagner sind mit ansprechenden, von prominenten Künstlern gestalteten Etiketten geschmückt und mit dem Degorgierdatum versehen.*

Das 1981 von dem dynamischen jungen Makler Bruno Paillard gegründete Unternehmen hat seinen Sitz in einer gepflegten, modernen Kellerei am südlichen Stadtrand von Reims. Achtzig Prozent der Produktion werden exportiert, vor allem in die Vereinigten Staaten, nach Großbritannien, Belgien und in die Schweiz.

Trotz ihres zweifellos starken Buketts besitzen die Paillard-Champagner eine bemerkenswerte Finesse. Wie der Name schon sagt, besteht die jahrgangslose *Première Cuvée Brut* aus den ersten Pressungen aller drei Champagnertrauben.

Reims
350.00 Flaschen
★★ hervorragende Qualität

Première Cuvée Brut Rosé

Première Cuvée Brut

Chardonnay Réserve Privée

Der Wein hat eine lebhafte Goldfarbe und eine zarte *mousse*, ist frisch und ausgesprochen trocken, fruchtig und weinig zugleich und hat einen vorbildlich langanhaltenden Abgang. Die *Première Cuvée Rosé* ist von durchscheinender, hell lachsfarbener Tönung, verströmt einen blumigen Duft nach Chardonnay und besitzt einen kräftigen und doch feinen und zurückhaltenden Geschmack nach Pinot – einer der besten Rosés weit und breit. Der *Chardonnay Réserve Privée* ist ein außergewöhnlicher Wein, dessen Hauch von Toast und Vanille darauf schließen läßt, daß ein Teil der verschnittenen Weine in Holzfässern vergoren wurde; der Geschmack ist von zitroniger Delikatesse und knochentrocken. Der 1985er *Brut* hat einen voll entwickelten Geschmack mit einer schönen reifen Chardonnay-Note, die für dieses großartige Jahr typisch ist.

Brut 1985

SORTEN

OHNE JAHRGANG

PREMIÈRE CUVÉE BRUT
CHARDONNAY
RÉSERVE PRIVÉE

ROSÉ

PREMIÈRE CUVÉE ROSÉ

JAHRGANGSCHAMPAGNER

BRUT (1985)

◄ *Blanc de Blancs Chardonnay Brut: ein prägnanter Chardonnay-Champagner*

Palmer & Co

Palmer gehört zu den besten Winzergenossenschaften der Champagne, deren geringe Größe um so mehr Konzentration auf die Qualität zuläßt.

Die 180 zu Palmer gehörigen Winzer bewirtschaften Rebflächen von insgesamt 315 Hektar mit vorwiegend Pinot Noir der Klasse *premier cru* in der Montagne de Reims. Die Weinherstellung erfolgt – ohne irgendwelche abgekürzten Verfahren – in einer modernen *cuverie* im Zentrum von Reims, unter der sich alte tiefe Keller befinden. Um die besten Ergebnisse zu erzielen, wird zum Beispiel der *remuage* viel Zeit gewidmet. Die Champagner bestehen zu mindestens 20 Prozent aus Reserveweinen und ruhen nach dem *dégorgement* noch zwei bis sechs Monate lang.

Höchst ungewöhnlich für eine Winzergenossenschaft ist, daß Palmer eine »Bibliothek« älterer Jahrgänge von 1979 bis zurück zum Jahr 1947 besitzt. Ein Champagner von 1961, den ich im Januar 1994 mit Jean-Claude Colson, dem Chef des Hauses, trank, entpuppte sich als großartiger Wein, der noch quicklebendig schmeckte.

Brut 1985

Brut o. J.

Brut Cuvée Rubis Rosé

Von dem regulären Sortiment ist der Standard-*Brut* (ohne Jahrgang), der aus gleichen Teilen Pinot Noir und Chardonnay besteht, um etliches besser als viele Weine, die den *grandes marques* als Aushängeschild dienen: frisch, elegant und wirklich komplex. Der *Rosé Brut* besitzt den vollen Geschmack von Pinot Noir, während der 1982er *Blanc de Blancs* sich auf dem Höhepunkt seiner Reife befindet. In einem kühlen Keller wird er sich aber noch bis 1995/96 halten.

Reims
2 Mio. Flaschen
★★ hervorragende Qualität

SORTEN

OHNE JAHRGANG
BRUT

ROSÉ
ROSÉ BRUT

JAHRGANGSCHAMPAGNER
BLANC DE BLANCS (1982)

Jean-Claude Colson von Palmer

◄ *Der jahrgangslose Brut: ein gut gereifter, komplexer Champagner*

PANNIER

Pannier hat sich auf Weine spezialisiert, die vorwiegend auf Pinot Meunier basieren und makellos hergestellt werden, so daß schmeichelnde, von Frucht geprägte Champagner mit einem hervorragenden Preis-Leistungs-Verhältnis entstehen.

Dieser Zusammenschluß von Winzern mit Sitz auf dem Château Thierry bewirtschaftet 410 Hektar Rebflächen, vorwiegend im Vallée de la Marne, hat aber auch Zugang zu Trauben aus der Montagne de Reims und der Côte des Blancs. Der *Tradition Brut* mit über 50 Prozent Pinot Meunier ist von ansprechender, blasser und doch lebendiger Farbe, hat eine zarte, anhaltende *mousse*, einen klaren Ausdruck von Frucht und einen geschmeidigen, aber weinigen Geschmack. Die Prestigecuvée *Égerie de Pannier* kann nachhaltig beeindrucken: Der Chardonnay-Anteil bewirkt Feinheit und einen toastigen Duft. Der opulente 1985er *Égerie* ist bereits durch den 1988er ersetzt worden, den man bis 1995 aufheben sollte.

- Château Thierry
- 1 Mio. Flaschen
- ★ gute Qualität

SORTEN

OHNE JAHRGANG
Tradition Brut

ROSÉ
Brut Rosé

JAHRGANGSCHAMPAGNER
Brut (1988)

PRESTIGE
Égerie de Pannier
(1985, 1988)

Tradition Brut ▶

PERRIER-JOUËT

Perrier-Jouët hat stets zu den renommiertesten Champagnerhäusern gehört. Das Haselnußaroma und der cremige Geschmack von erstklassigem Chardonnay, die typisch für die Jahrgangschampagner von Perrier-Jouët sind, verdanken sich den hervorragenden Weinbergen in Avize und im benachbarten Cramant.

Perrier-Jouët wurde 1811 von Pierre Nicolas-Marie Perrier gegründet, der mit Adèle Jouët verheiratet war, und machte sich in der englischsprachigen Welt rasch einen Namen. Pierres Sohn Charles Perrier, ein geschickter Politiker, wurde in Epernay als Bürgermeister berühmt. Er baute gegenüber dem eleganten Firmengebäude in der Avenue de Champagne das prunkvolle Château Perrier. Das Schloß, in dem heute die Stadtbibliothek und das örtliche Museum untergebracht sind, lohnt einen Besuch. Charles Perrier erweiterte den Export des Unternehmens nach Großbritannien in großem Umfang. Als er 1897 starb, gehörten zu den Anhängern dieses Champagners so unterschiedliche Damen wie Königin Victoria und die Schauspielerin Sarah Bernhardt, die angeblich gerne in Perrier-Jouët badete.

Charles Perrier starb kinderlos, doch die Firma ging in die sicheren Hände seines Neffen Henry Gallice über, der Anfang dieses Jahrhunderts eine wichtige Rolle bei der Bekämpfung der Reblaus in der Champagne spielte. 1934 erwarb Louis Budin, der mit einer Tochter des Hauses Gallice verheiratet war, Perrier-Jouët. Dessen Sohn Michel wurde im Jahre 1959 leitender Direktor, als Mumm (das später selbst vom Seagram-Konzern übernommen wurde) einen Mehrheitsanteil an dem Unternehmen erwarb. Klugerweise erlaubte man aber Budin, einem Mann von sehr feinem Geschmack, weiterhin jene hervorragenden Champagner herzustellen, die im 19. Jahrhundert den guten Ruf des Hauses begründet hatten. Budins größter Schachzug – sowohl in ästhetischer

1988er Perrier-Jouët Brut

als auch in kommerzieller Hinsicht – war 1970 die Herausgabe der unverwechselbaren, mit Blumen verzierten Prestigecuvée *Belle Epoque*. Schauplatz und Gelegenheit der Einführung dieses Champagners waren geschickt gewählt: ein Pariser Nachtclub, der den 70. Geburtstag des amerikanischen Jazzmusikers Duke Ellington feierte. Schlagartig erhöhten sich daraufhin Image und Verkaufszahlen in den USA.

Perrier-Jouëts wichtigstes Kapitel sind seine 100 Hektar umfassenden Weinberge, vor allem die erstklassigen Chardonnay-Lagen an der Côte des Blancs. Das Unternehmen besitzt allein in Avize 27 Hektar und neun Hektar in Cramant, außerdem neun Hektar in Mailly-Champagne auf der Montagne de Reims, 20 Hektar in Dizy und Ay im Grande Vallée de la Marne und ansehnliche 31,5 Hektar Pinot Meunier in Vinay und Orbais. Trotzdem kauft die Firma noch etwa 60 Prozent ihres Bedarfs an Trauben zu.

Der jahrgangslose *Grand Brut* besteht aus allen drei Champagnertrauben, wird jedoch von den beiden Pinots beherrscht, die dem Wein einen festen, fleischigen Charakter verleihen. Der *Blason de France Brut* ist insgesamt feiner; Trauben einer besseren Klasse und die längere Flaschenreifung führen zu einem Champagner mit einem entwickelten hefigen und

SORTEN

OHNE JAHRGANG

Grand Brut

Blason de France Brut

ROSÉ

Blason de France Brut Rosé

JAHRGANGSCHAMPAGNER

Réserve Cuvée Brut (1985)

PRESTIGE

Belle Epoque Brut (1985)

Belle Epoque 1985: die berühmte mit Blumenornamenten geschmückte Flasche ▶

komplexen Aroma und einer üppigen Fülle am Gaumen – ein erstklassiger Wein. Der *Blason de France Brut Rosé* ist eine hervorragende, gut gereifte Cuvée, rosafarben mit einem Hauch von Ziegel- und Orangefarbe; aus dem Glas steigt das Aroma von dunkler Frucht und geröstetem Brot auf, und sein langanhaltender Pinot-Geschmack schmeichelt dem Gaumen. Die *Réserve Cuvée Brut* des Jahrgangs 1985 ist mit ihrem nussig-cremigen Chardonnay-Charakter ein typisches Beispiel für den Jahrgangsstil von Perrier-Jouët – erstklassig und mit all jenen Eigenschaften ausgestattet, die man von einem großen Champagner erwartet. Der 1985er *Belle Epoque Brut* gehört zu den besten Champagnern, die ich jemals getrunken habe; dem Wein, der zur Hälfte aus Pinot-Noir und zur Hälfte aus Chardonnay besteht, mangelt es an nichts: Er besitzt äußerste Eleganz, ein blumiges Bukett, eine toastige Fülle und ungeheure Komplexität. Jedesmal, wenn ich ihn probiere, entdecke ich neue Geschmacksnuancen.

- Epernay
- 3 Mio. Flaschen
- ★★ hervorragende Qualität

Blason de France Brut

◀ *Perrier-Jouet Grand Brut o. J.*

Joseph Perrier

Etwas abseits, in Châlons-sur-Marne, befindet sich das Unternehmen Joseph Perrier, das zu den verborgenen Schätzen der Champagnerwelt gehört.

Dank seiner großen Zurückhaltung konnte dieses kleine, 1825 gegründete *grande-marque*-Haus unbehelligt ausgereifte Champagner voller Frucht herstellen, deren Preis bis jetzt noch unterhalb ihrer Qualität liegt. Der reife, üppige Stil des Hauses ist auf die sonnige Lage der 20 Hektar umfassenden Pinot-Noir- und Pinot-Meunier-Rebflächen in Cumières, Damery und Hautvillers zurückzuführen.

Die jahrgangslose *Cuvée Royale Brut* ist durchweg ein Genuß. Sie ist strohgolden in der Farbe und besteht aus einem Drittel Chardonnay und zwei Dritteln dunkler Trauben; sie besitzt einen überschwenglichen Duft nach Himbeere und einen stark würzigen Geschmack; außerdem ist sie dank einer Flaschenreife von mindestens drei Jahren weich und ausgereift. Der Jahrgangschampagner *Brut* 1985 ist blasser, feiner und hat einen erstklassigen Geschmack nach Zitrusfrucht (45 Prozent Chardonnay). Mit seiner Entscheidung, für 1995 auf den 1989er Jahrgang zurückzugreifen, war das Unternehmen gut beraten, denn dann wird der 1985er nicht mehr erhältlich sein. Den *Rosé Brut* empfehle ich nur jenen

Blanc de Blancs

Cuvée Royale

Cuvée Royale 1985

Brut Rosé

Champagnerfreunden, die einen vollen fruchtigen Stil lieben, da dieser Wein intensiv nach Kirsche und Himbeere schmeckt. Der eigentliche Star aber ist die *Cuvée de Luxe Josephine* 1985, ein echter Drei-Sterne-Champagner mit wunderbar reifem Ausdruck von Chardonnay, der – obwohl er nur die Hälfte des Verschnitts ausmacht – den Wein in seinem Geschmack beherrscht.

Châlons-sur-Marne
650.000 Flaschen
★★ hervorragende Qualität

SORTEN

OHNE JAHRGANG
CUVÉE ROYALE BRUT

ROSÉ
ROSÉ BRUT

JAHRGANGSCHAMPAGNER
CUVÉE ROYALE
VINTAGE BRUT (1985)

PRESTIGE
CUVÉE DE LUXE
JOSEPHINE (1985)

Der Kellermeister von Joseph Perrier

◀ *Cuvée Josephine 1985*

Philipponnat

Das kleine traditionelle Unternehmen hätte es eigentlich verdient, bekannter zu sein, denn Philipponnat stellt Champagner für echte Kenner her.

Obwohl die Familie Philipponnat seit Ende des 17. Jahrhunderts im Vallée de la Marne Wein anbaut, wurde das Haus erst 1910 gegründet. Sein wichtigster Besitz ist der 5,5 Hektar umfassende Clos des Goisses in Mareuil, der größte umfriedete Weinberg der Champagne. Alle Champagner von Philipponnat zeichnen sich durch Weinigkeit, Charakter und Delikatesse aus, haben eine feine Perlage und einen hohen Anteil an Reserveweinen.

Der jahrgangslose *Royale Réserve Brut* besteht aus 70 Prozent dunklen Trauben und 30 Prozent Chardonnay (wobei ein Fünftel des gesamten Verschnitts Reserveweine sind); er ist ausgereift, doch mit klarer, lebhafter Frucht und einem klassisch trockenen, sauberen Abgang – ein großartiges Aushängeschild. Der von den 70 Prozent Pinot Noir beherrschte Champagner wird mit ausgesprochen traditionellen Methoden hergestellt; so erfolgt zum Beispiel die erste Gärung in Holzfässern. Das Ergebnis beim 1986er Jahrgang (einem sonst sehr schwierigen Jahr) ist erstklassig, von eindrucksvoller Reife und

Royale Réserve Brut

Brut 1986 Réserve Speciale

Clos des Goisses

Konzentration (ein echter Drei-Sterne-Champagner). Die jüngere Cuvée *Le Reflet* bietet eine klassische Mischung aus Chardonnay und Pinot Noir, wobei letzterer aus dem Clos des Goisses stammt. Ein Geißblattaroma und frische Chardonnay-Säure charakterisieren diesen Wein, der sich gut als Getränk zu Seebarsch eignet. Philipponnat gehört seit 1987 zum Getränkekonzern Marie Brizard, einem Betrieb in Familienbesitz.

Mareuil-sur-Ay
500.000 Flaschen
★★ hervorragende Qualität
Le Reflet zu gebratenen Seebarsch

SORTEN

OHNE JAHRGANG

ROYALE RÉSERVE BRUT

ROSÉ

ROSÉ BRUT

JAHRGANGSCHAMPAGNER

CLOS DES GOISSES (1986)
LE REFLET

Le Reflet

◄ *Royale Réserve Brut*

Ployez-Jacquemart

Bei Ployez-Jacquemart wird der Wein noch mit traditionellen Methoden hergestellt. Die prise de mousse *findet in tiefen Kellern statt, und die Champagner reifen lange in der Flasche.*

Gérard Ployez und seine Tochter Laurence besitzen zwar Rebflächen in Ludes und Mailly-Champagne, kaufen jedoch die meisten Trauben von hoch taxierten *crus* der Côte des Blancs und des Vallée de la Marne zu. Der Chardonnay-Anteil der Champagner liegt bei mindestens 50 Prozent – in außergewöhnlichen Jahren auch höher. Zum Sortiment gehören der füllige, gut abgerundete *Extra Quality Brut*, der außergewöhnliche 1985er *Blanc de Blancs* und der im Faß vergorene Prestigechampagner *Cuvée Liesse d'Harbonville*.

Ludes

80.000 Flaschen

★ gute Qualität

SORTEN

OHNE JAHRGANG

Extra Quality Brut

JAHRGANGSCHAMPAGNER

Grande Réserve

Sélection

Blanc de Blancs (1985)

PRESTIGE

Cuvée Liesse d'Harbonville (1985)

Extra Quality Brut ▶

Pol Roger

Als Lieferant durchweg köstlicher Champagner findet Pol Roger kaum seinesgleichen. Ich war noch niemals enttäuscht von einer Flasche aus diesem vorbildlichen Familienbetrieb; und das sagt eine Menge aus über die Menschen, die sich hinter diesem Etikett verbergen.

Christian de Billy und Christian Pol-Roger, die Urenkel des Gründers, haben sich mit Leib und Seele höchsten Qualitätsmaßstäben verschrieben. Niemals erlagen sie der Versuchung, diese eher kleine *grande marque* zu stark auszudehnen oder Anteile an anderen Weinherstellern zu erwerben. Die beiden Vettern sorgen schlicht und einfach dafür, daß sich das Unternehmen an die klassischen Verfahren der Champagnerherstellung hält. Dennoch spiegelt sich in den Weinen wider, daß sie mit leichter Hand gemacht sind, und sie gehören zu den feinsten, nuanciertesten und köstlichsten Champagnern der gesamten Region.

Das Haus wurde 1849 von dem aus Ay stammenden Pol Roger gegründet. 1876 schickte er seinen ersten Champagner nach England, das der wichtigste Markt für das Unternehmen werden sollte. Doch erst sein Sohn Maurice Pol-Roger, der während der deutschen Besetzung von Epernay im Jahre 1914 als Bürgermeister der Stadt außergewöhnlichen Mut bewies, machte die Marke wirklich berühmt. Maurice war aber auch ein großer Jäger und Fischer. Und er bevorzugte kräftige Champagner genauso, wie er die wilde Jagd liebte. Zu seinen Lebzeiten waren die Weine dieses Hauses von Pinot Noir beherrscht, denn Maurice schien wenig Sympathie für Chardonnay zu hegen und bezeichnete ihn als »la flotte« (Wasser). Der wuchtige, lebhafte Geschmack der alten Pol-Roger-Champagner gefiel offenbar auch Winston Churchill, denn er

Der Firmensitz von Pol Roger in Epernay

wurde der größte Anhänger dieser Marke. Seine Treue zu diesem Haus wurde noch gefördert durch die Freundschaft mit Odette Pol-Roger, der anglophilen Schwiegertochter von Maurice, nach der Churchill eins seiner Rennpferde benannte.

Bei den Champagnern von Pol Roger tritt inzwischen stärker der Chardonnay hervor, und ihr Stil ist von den 80 Hektar umfassenden Rebflächen um Epernay und entlang der nördlichen Côte des Blancs geprägt, die das Unternehmen seit Mitte der fünfziger Jahre dieses Jahrhunderts erwarb. Aus mehreren dieser Weinberge – insbesondere in Mardeuil, Epernay, Pierry, Cuis und Chouilly – gehen, wie ich meine, recht ausgereifte, angenehm duftende Weine hervor. Diese sind zudem ausgesprochen frisch, reifen aber außergewöhnlich gut – ein Verdienst des hervorragenden Kellermeisters James Coffinet, der früher für Billecart-Salmon arbeitete.

Der jahrgangslose *White Foil* ist eine klassische *assemblage* mit jeweils gleichen Anteilen aller drei Champagnertrauben, ein Paradebeispiel für den Stil des Hauses: leicht, aber gut strukturiert, frisch und doch reif und fruchtig, trinkreif. Der *Sec* hat dieselbe Zusammensetzung, jedoch eine etwas höhere *dosage*. Der Jahrgangschampagner 1986 *Extra Dry* besteht aus Pinot Noir und Chardonnay im Verhältnis sechzig zu vierzig, wobei letzterer das Aroma beherrscht; doch hat er einen vollmundigen Pinot-Geschmack und einen sehr langen Abgang. Der mit Jahrgang versehene *Blanc de Chardonnay* gehört in der Regel zu den verlockendsten *blanc de blancs*, die auf dem Markt sind. Der 1985er war ein schöner Wein mit spitzenartiger Delikatesse und einem Weißdornaroma; der 1986er sah anfänglich weniger eindrucksvoll aus, hatte sich aber bis zur letzten Probe (März 1994) zu einem Champagner von raffinierter Fülle entwickelt. Den mit Jahrgang versehenen *Rosé* aus-

Epernay
1,4 Mio Flaschen
beste Qualität, die erhältlich ist

Pol Roger White Foil ▶

findig zu machen, lohnt sich ebenfalls; der hell lachsrosafarbene Champagner hat einen angenehmen, pinotartigen Duft nach roter Frucht, wird jedoch durch den erheblichen Chardonnay-Anteil »gehoben«. Die Spitzenweine des Sortiments sind zwei Prestigecuvées. Der 1986er *Réserve Speciale PR* besteht zu gleichen Teilen aus Pinot Noir und Chardonnay von sechs *grands crus* – ein Wein mit Finesse, Tiefe und echter Komplexität. Die Zusammensetzung der *Cuvée Sir Winston Churchill* wird geheimgehalten, doch mit ziemlicher Sicherheit besteht sie zum größeren Teil aus Pinot Noir (vielleicht sogar bis zu 70 oder 80 Prozent). Es handelt sich hier um einen sehr üppigen Champagner, den der alte Haudegen sicherlich geschätzt hätte. Einige Verkoster behaupten, der 1985er Jahrgang habe Delikatesse und einen Fliederduft; ich selbst bin mehr beeindruckt von seiner Wucht und glaube, daß er noch bis 1997/98 aufbewahrt werden sollte.

SORTEN

OHNE JAHRGANG

White Foil
Sec

ROSÉ

Jahrgangschampagner Rosé (1986)

JAHRGANGSCHAMPAGNER

Extra Dry (1986)
Blanc de Chardonnay (1986)

PRESTIGE

Cuvée Sir Winston Churchill (1985)
Réserve Speciale PR (1986)

Geschenkpackung: Pol Roger Cuvée PR Prestige

Brut Rosé 1986

Blanc de Chardonnay 1986

Extra Dry 1986

Brut 1985

Christian de Billy, Vorsitzender von Pol Roger

Pommery

Pommery ist der schlafende Riese in der Welt des Champagners, ein Unternehmen mit einer faszinierenden Geschichte, das jedoch nach 1945 sein Potential nicht voll entfaltet hat.

Das 1836 gegründete Unternehmen erlangte seine Größe unter der berühmten Witwe Louise Pommery, die nach dem Tode ihres Mannes im Jahre 1858 die Leitung übernahm. »*Qualité d'abord*« (»Qualität hat Vorrang«) lautete Madame Pommerys Wahlspruch. Sie beschloß, sich auf den englischen Markt zu konzentrieren, und verfolgte das Ziel, Champagner in einem möglichst feinen und trockenen Stil zu produzieren. Ihr legendärer 1874er Jahrgang, der das viktorianische London im Sturm eroberte, war mit einer *dosage* von nur 6 bis 9 Gramm Zucker pro Liter der erste echte *Brut*, ein trockener Champagner im modernen Sinn.

Madame Pommerys kühnster Schritt war der Erwerb eines großen Stückes Land am Rande von Reims, wo sich 120 Kalkschächte aus römischer Zeit befanden. Über diesen ließ sie zahlreiche, für meinen Geschmack scheußliche Gebäude errichten, deren Gestaltung angeblich den prunkvollen Landsitzen ihrer adeligen englischen Kunden nachempfunden war. Die römischen Kalkschächte wurden durch ein 18 Kilometer langes Netzwerk von Stollen miteinander verbunden, mit schönen Halbreliefs geschmückt und dienten als Lagerräume. Diese herrlichen Weinkeller können täglich besichtigt werden. In der Empfangshalle befindet sich das kunstvoll geschnitzte Verschnittfaß mit einem Fassungsvermögen von 100 000 Flaschen, das die Firma zur Weltausstellung 1904 nach St. Louis schickte. Die geschnitzten Figuren auf dem Faß symbolisieren die französisch-amerikanische Freundschaft.

Eine Auswahl von Champagnern dieses berühmten grande-marque-Hauses

Mit 307 Hektar gehören die Rebflächen von Pommery zu den umfangreichsten in der Champagne. Von besonders guter Qualität sind die Weinberge in der Montagne de Reims. Nahezu jede Lage wird auf der *échelle des crus* mit 100 Prozent taxiert. Doch diese Flächen decken nur etwa ein Drittel des Firmenbedarfs. Mit der Übernahme Pommerys durch LVMH im Jahre 1990 hat die Firma sich zum Massenabsatz entschlossen und hofft, 1996 einen Jahresverkauf von acht Millionen Flaschen zu erreichen. Auf diese Weise werden die wunderbaren Weinberge, das größte Kapital und eine sichere Gewinnquelle, nur mehr eine untergeordnete Rolle spielen – der sicherste Weg, könnte man meinen, den Untergang einer Marke herbeizuführen.

So besorgniserregend diese Entwicklung auch ist, so muß ich doch gerechterweise zugeben, daß sich die Pommery-Weine dank des begabten *chef de caves* Fürst Alain de Polignac in den letzten Jahren verbessert haben. Der jahrgangslose *Brut Royal*, ein klassischer Verschnitt aus Pinot Noir, Chardonnay und Pinot Meunier, ist eine ausgeklügelte Mischung aus dreißig bis vierzig *crus* mit einem erheblichen Anteil (20 Prozent) an Reserveweinen. Der Champagner, der nach drei bis vier Jahren Flaschenreife verkauft wird, ist ein freundlicher Wein mit stark hervortretender Frucht, der sich leicht trinkt, obwohl mir die *dosage* ziemlich hoch erscheint. Beim 1988er Jahrgangschampagner *Brut* (60 Prozent Chardonnay, 30 Prozent Pinot Noir) zeigt sich die Handschrift von de Polignac – ein feiner, delikater Wein mit echter Reinheit in der Frucht. Erstklassig ist der Prestigechampagner *Cuvée Louise Pommery* des Jahrgangs 1985. Der darin enthaltene Chardonnay stammt von den firmeneigenen *grand-cru*-Rebflächen in Cramant und Avize, der Pinot Noir kommt aus Ay. Der Champagner hat eine schöne blumige Note

Reims
6 Mio. Flaschen
★ gute Qualität

Brut Royal o. J. ▶

Cuvée Spéciale 1985

Louise Pommery Rosé 1988

Jahrgangschampagner Rosé 1988

Pommery Rosé o. J.

Pommery Brut Royal o. J.

Brut Royal ohne Jahrgang

Brut 1988

im Aroma und ist im Geschmack voll, langanhaltend und vollkommen ausgewogen. Das Haus wäre durchaus in der Lage, die Zwei-Sterne-Kategorie zu erreichen, obwohl angesichts des zu rasch wachsenden Absatzes die zukünftige Qualität in Frage steht.

Geschnitztes Verschnittfaß, das zur Weltausstellung 1904 nach St. Louis Missouri geschickt wurde

SORTEN

OHNE JAHRGANG

Brut Royal

JAHRGANGSCHAMPAGNER

Brut (1988)

PRESTIGE

Cuvée Louise Pommery (1987, 1985)

Louise Pommery Rosé (1988)

Louise Pommery 1985: Auf dem Etikett ist die berühmte Champagner-Witwe abgebildet ▶

ALAIN ROBERT

Le Mesnil-sur-Oger, wo sich die grand-cru-*Weinberge von Alain Robert befinden, ist wahrscheinlich das Champagnerdorf mit den besten* Blanc de Blancs de *Côte des Blancs.*

Alain Robert ist das Oberhaupt einer alteingesessenen Winzerfamilie, die im 17. Jahrhundert nach Le Mesnil kam. Er besitzt in sieben Dörfern der Côte des Blancs zwölf Hektar Rebflächen der Klasse *grand cru*. Roberts Champagner bestehen ausschließlich aus Chardonnay, und obwohl sie nicht mit Jahrgang versehen sind, handelt es sich immer um Weine aus einem einzigen Jahr. Der *Blanc de Blancs Brut* ist ein Verschnitt von Weinen der 1985er Ernte; er hat sehr viel Chardonnay-Charakter und einen schönen Hauch von Reife, doch fehlt es ihm ein wenig an Finesse. Der *Blanc de Blancs Sélection* (1986) präsentiert sich feiner und besitzt mehr Delikatesse; er stammt von den besseren Weinbergen des Unternehmens. *Le Mesnil* (1982) ist von vollkommener Ausgewogenheit zwischen ausgereifter Fülle und erlesener Eleganz. Es gibt wohl keinen besseren *Blanc-de-Blancs*-Champagner.

- Le Mesnil-sur-Oger
- 100.000 Flaschen
- ★★ hervorragende Qualität
- gedünsteter Lachs mit Sauerampfersauce

Alain Robert Brut Sélection: ein Blanc de Blancs von hoher Qualität ▶

SORTEN

JAHRGANGSCHAMPAGNER	PRESTIGE
Blanc de Blancs Brut	Blanc de Blancs, Le Mesnil
Blanc de Blancs Sélection	

Tête de Cuvée 1979

Vieux Dosé: Die Dosage erfolgte bereits in einem frühen Stadium des Herstellungsprozesses

Blanc de Blancs

Blanc de Blancs Brut

Blanc de Blancs Sélection

Le Mesnil Brut Rare 1978 ▶

Louis Roederer

Louis Roederer ist ein großartiges Champagnerhaus, das überdies höchste Gewinne erzielt. Sein berühmter Cristal ist gegenwärtig wohl die begehrteste Prestigecuvée der Welt.

Roederers Renommee und seine gesunde finanzielle Basis beruhen darauf, daß er mit den Trauben von seinen 180 Hektar umfassenden Weinbergen unabhängig von Zukäufen ist, den Absatz in kontrollierten Bahnen hält und eben den erwähnten großen Champagner produziert.

Der erste Träger des Namens Louis Roederer stammte aus dem Elsaß. 1827 trat er in das Champagnergeschäft seines Onkels in Reims ein und erbte sechs Jahre später das Unternehmen. Es zahlte sich aus, daß der junge Mann schon früh Auslandsmärkte ins Auge faßte. Bei seinem Tod im Jahre 1870 war Roederer der drittgrößte Champagnerexporteur in die USA, und wenig später mußte Roederers Konkurrent Veuve Clicquot um seine Spitzenstellung auf dem russischen Markt bangen. Denn 1876 kreierte Roederer auf Wunsch des Zaren Alexander II., der süße Champagner bevorzugte, den inzwischen berühmten *Cristal*, der eigens für Alexander in einer klaren Bleikristallflasche geliefert wurde. Doch mit der Oktoberrevolution von 1917 brach der russische Markt für das Unternehmen zusammen. Ein erneuter wirtschaftlicher Aufschwung setzte 1932 ein, als erneut eine der tatkräftigen Witwen, die die Champagnerindustrie

Ein Geschenkkorb mit Louis Roederer Brut Premier

prägten, die Firma übernahm. Camille Olry-Roederer leitete das Unternehmen 42 Jahre lang und führte dank ihres außergewöhnlichen Gespürs für werbewirksame Maßnahmen die Marke zu großen Erfolgen. Wenn sie auf der Suche nach neuen Märkten war, ließ sie einen ihrer besten Traber an einem Rennen teilnehmen und veranstaltete anschließend eine luxuriöse Siegesfeier. So war der Name ihres Champagners monatelang in aller Munde. In den dreißiger Jahren erwarb Madame Roederer auch mit großem Geschick Weinberge für das Unternehmen. Sie starb 1975 und hinterließ die Firma ihrer Tochter, Madame Claude Rouzaud. Inzwischen leitet ihr Enkel Jean-Claude das Unternehmen, der nicht ohne Stolz darauf hinweist, daß er ausgebildeter Önologe ist.

Jean-Claude ist ein Perfektionist, für den der Wein eine größere Rolle spielt als die Perlen. Er hat die Champagnerproduktion bewußt eingeschränkt, um die Trauben so gut wie nur irgend möglich unter Kontrolle zu haben. »Die Qualität unserer Weine ist zu siebzig Prozent darauf zurückzuführen, daß wir Trauben von eigenen Rebflächen verwenden«, erklärt er. »Wenn man minderwertigere Trauben hinzukaufen muß, kommt häufig ein Champagner zustande, bei dem man sich am Tisch festhalten muß, wenn man ihn trinkt.«

Die Roederer-Weinberge haben außergewöhnlich gute Lagen (durchschnittlich 98 Prozent auf der *échelle des crus*) und sind klug über die drei klassischen Champagner-Anbaugebiete verteilt; sie befinden sich in Verzenay, Verzy und Louvois auf der Montagne de Reims; in Cumières, Hautvillers und Ay im Grande Vallée de la Marne; und in Chouilly, Cramant, Avize, Le Mesnil und Vertus an der Côte des Blancs. Beeindruckend ist die Sorgfalt, mit der man sich in den Weinkellern in Reims auch den kleinsten Details der

Reims

2 Mio. Flaschen

beste Qualität, die erhältlich ist

Louis Roederer Brut Premier ▶

SORTEN

OHNE JAHRGANG

Brut Premier

ROSÉ

Rosé Brut

JAHRGANGSCHAMPAGNER

Brut (1986)

Cristal

Brut (1988)

Jean-Claude Rouzaud: Chef von Louis Roederer

Roederer Cristal 1986

Brut Premier

◄ *Roederer Cristal*

Weinherstellung widmet. Alle Weine werden in Edelstahlfässern von geringer Kapazität vergoren, so daß sich Geschmack und Individualität der einzelnen *crus* besser entfalten können. Das eigentliche Charakteristikum aber ist die Verwendung großer Eichenfässer (*foudres*) für die Lagerung der Reserveweine, denn das Ruhen in den Holzbehältnissen verleiht den Roederer-Champagnern ihren Geschmack nach Honig und Vanille.

Der *Brut Premier*, ein jahrgangsloser Spitzenchampagner, ist überdurchschnittlich lange gereift (drei bis vier Jahre), damit er gleich nach der Auslieferung getrunken werden kann; sein Geschmack nach roter Frucht, der von Pinot Noir beherrscht wird (66 Prozent) hat etwas von schmeichelnder Vanille, was auf den etwa zwanzigprozentigen Anteil der in Holzfässern gereiften Reserveweine zurückzuführen ist. Der 1986er Jahrgangschampagner *Brut* ist wahrscheinlich der bestgemachte *grande-marque*-Champagner dieses schwierigen Jahres; anders als viele Konkurrenzweine besitzt er eine echte Struktur und einen »animalischen« Pinot-Charakter. Der *Rosé* gehört zu den herausragendsten Roséweinen weit und breit: Der Saft aus Pinot-Noir-Trauben wird mit den Schalen in Kontakt gebracht; der Wein hat eine helle Lachsfarbe, die nichts von seinem reichen, weinigen Geschmack vermuten läßt, und ist ein hervorragendes Getränk zu gebratenen Nieren. Der kürzlich herausgekommene 1988er *Cristal Brut* steht dem 1985er nicht nach; ein trockener Wein, doch mit einem schönen Toastgeschmack; der Ausdruck von Frucht ist außergewöhnlich fein, und er verdient es, bis 1995 aufbewahrt zu werden. Im kühlen nordkalifornischen Anderson Valley hat Rouzaud's Roederer Estate einen erstaunlich guten Schaumwein namens *L'Ermitage* produziert, der aus den besten Cuvées von 1989 besteht.

In Pupitres gelagerter Cristal von Louis Roederer

Ruinart

Ruinart ist das älteste Champagnerhaus; es wurde 1729 von Nicolas Ruinart, einem Textilhändler, gegründet. Er war der Neffe von Dom Thierry Ruinart, einem berühmten Weinhersteller und Vertrauten Dom Pérignons.

Das Unternehmen erlebte während der politisch unruhigen napoleonischen Ära eine Blütezeit, obwohl die royalistischen Sympathien der Familie sich nicht verleugnen ließen: 1825 hieß Irenée Ruinart als Bürgermeister von Reims und Abgeordneter für das Département Marne Karl X. zu seiner Krönung in Reims willkommen. Irenées Sohn Edmond Ruinart warf schon früh ein Auge auf den US-amerikanischen Markt, und als er 1832 von Präsident Jackson empfangen wurde, überreichte er diesem eine Kiste Ruinart-Champagner. Fast dreißig Jahre später reiste sein Erbe Edgar nach Rußland, wo er eine Audienz bei dem Zaren hatte.

Dank so abenteuerlustiger Männer wie den Ruinarts vervierfachte sich der Champagnerexport zwischen 1850 und 1899. Während des Ersten Weltkriegs wurden die Unternehmensgebäude in Reims fast zerstört. Doch André Ruinart, der damalige Chef, richtete in einem seiner aus römischer Zeit stammenden Kalkstollen ein Büro ein, und als dieser stark überflutet wurde, stellte er seinen Arbeitstisch auf einem Floß auf, um weiterhin seinen Geschäften nachgehen zu können. Das Haus blieb in Familienbesitz, bis es 1963 an Moët & Chandon verkauft wurde.

Im Vergleich zu den großen Champagnerhäusern übt Ruinart vielleicht die meiste Zurückhaltung: Die Marke ist fast nur Kennern vertraut, weil sie ausschließlich an sorgsam ausgewählte Restaurants sowie spezialisierte Wein- und Delikatessengeschäfte verkauft wird. Die Gebäude, die im strengen, sparsamen Stil des 18. Jahrhunderts restauriert wurden, zeugen von alter Tradition, und die gallo-romanischen Kalksteinkeller (die sogenannten »Crayères«) sind die schönsten in ganz Reims; sie wurden unter Denkmalschutz gestellt. Alle zwei Jahre wird hier die renommierte Trophée Ruinart überreicht, die in einem internationalen Wettbewerb dem besten europäischen Weinkellner verliehen wird.

Die Champagner von Ruinart sind besonders fein und elegant, besitzen jedoch auch Vollmundigkeit und Körper, denn Ruinart gilt zwar als Chardonnay-Haus, hat jedoch einen ganz eigenen Stil. Das Unternehmen verfügt über 15 Hektar Rebfläche an den Osthängen der Montagne de Reims, vor allem in Sillery und Puissieulx. Die Chardonnay-Trauben, die hier wachsen, haben viel mehr Wucht und »Fleisch« als die der Côte des Blancs – daher die Fülle der Weine, insbesondere am oberen Ende der Skala.

Jean-François Barat, *chef de caves* von Ruinart, ist ein sehr scharfsinniger und wortgewandter Kellermeister. Der außergewöhnlich hohe Standard, den er erreicht hat, beruht auf dem grundlegenden Konzept eines komplizierten Verschnitts, einem kompakten Sortiment von nur fünf Cuvées, einer niedrigen *dosage* und vor allem auf bedeutenden Vorräten an Reserveweinen.

Der jahrgangslose »R« de Ruinart (45 Prozent Chardonnay, 55 Prozent Pinot Noir) ist vier Jahre in der Flasche gereift und hat eine feine, zarte *mousse*; das Aroma verrät keinerlei Aggressivität, nur eine feine, blumige Note; der sehr geschmeidige Wein trinkt sich leicht, doch besitzt er dank des großen Anteils an *premier-cru*-Trauben einen ausgesprochen langanhaltenden Geschmack. Der Jahrgangschampagner »R« de Ruinart 1988 (50 Prozent Chardonnay, 50 Prozent Pinot Noir) präsentiert sich in gelb-goldener Farbe und weist das typische Aroma von Reife mit einem Hauch Zitrone, aber auch ein komplexeres sekundäres Aroma auf. Die Wucht und Weinigkeit am Gaumen geht auf die Pinot-Trauben der auf 100 Prozent taxierten *crus* in der Montage de Reims zurück. Dieser Wein hat so viel Charakter, daß er auch zu einem Fischgericht mit Sauce paßt. Die Prestigecuvée *Dom Ruinart* gehört zu den zwei oder drei besten *Blancs de Blancs*, die auf dem Markt sind. Sie besteht zu 100 Prozent aus Chardonnay, wobei 30 Prozent von den

- Reims
- 1,5 Mio. Flaschen
- beste Qualität, die erhältlich ist
- gebratener Babyhummer mit Vanillesauce

»R« de Ruinart Brut ▶

niedrigeren Hängen in Sillery und Puissieulx stammen. Als ich den 1986er *Dom Ruinart* zusammen mit Jean-François Barat probierte, meinte er: »Dieser Chardonnay-Wein hat die Wucht und den Körper eines Pinot Noir.« Außerdem ist er wunderbar butterartig und fett und doch ausgesprochen elegant. Der 1985er *Dom Ruinart Rosé* ist für mich der beste Roséchampagner, der gegenwärtig angeboten wird. Der hierzu verwendete Chardonnay stammt von genau denselben Lagen wie beim *Blanc de Blancs*, allerdings werden ihm 20 Prozent Bouzy Rouge beigefügt. Er hat ein außergewöhnliches Bukett, erinnert in seiner Sinnlichkeit an Burgunder, ist elegant und doch reif und entwickelt und hat einen tertiären Duft nach Wald sowie einen wunderbar komplexen Geschmack. Abgesehen von der Perlage glaubt man, einen erstklassigen Wein von der Côte d'Or zu trinken. Der Standardchampagner »R« *de Ruinart Rosé* (ohne Jahrgang) präsentiert sich in ganz anderem Stil; er ist von kräftigerer Farbe und hat einen einfachen, aber angenehmen Geschmack nach roter Frucht. Im gegenwärtigen Sortiment ist er der einzige Champagner mit einem Pinot-Meunier-Anteil.

Jean-François Barat: Kellermeister bei Ruinart

SORTEN

OHNE JAHRGANG

»R« DE RUINART

ROSÉ

»R« DE RUINART ROSÉ

JAHRGANGSCHAMPAGNER

»R« DE RUINART
(1988)

PRESTIGE

DOM RUINART BLANC
DE BLANCS (1986)

»R« de Ruinart Rosé

»R« de Ruinart 1988

»R« de Ruinart Brut o. J.

Dom Ruinart Blanc de Blancs 1985 Prestige Cuvée ▶

Salon

Das Markenzeichen von Salon ist Perfektionismus. Als einziges Haus produziert es nur einen Champagner – einen Blanc de Blancs mit Jahrgang, der nur in Jahren herausgebracht wird, in denen der chef de caves den Wein für so gut hält, daß er ein Jahrgangsetikett verdient.

Die Marke geht auf den Champenois Eugène Aimé Salon zurück, der 1867 in dem kleinen Dorf Pocancy in der Ebene östlich von Le Mesnil-sur-Oger geboren wurde. Aimé lernte die Kunst der Champagnerherstellung schon als Junge, wurde jedoch Lehrer und später in Paris ein erfolgreicher Kürschner und Politiker. Er war einer der größten Gourmets seiner Zeit, Mitglied des elitären Club des Cents und Stammgast im »Chez Maxim«, wo stets ein Tisch für ihn reserviert wurde.

1911 kaufte Aimé einen Weinberg in Le Mesnil-sur-Oger und konnte nun den vollkommenen, ausschließlich aus Chardonnay-Trauben von dem besten *cru* der Côte des Blancs hergestellten Champagner kreieren. Zunächst war es nur ein Hobby, und er bot den Champagner seinen Gästen in Pocancy ohne Etikett an. Als jedoch die Nachfrage nach diesem sensationellen Wein immer mehr stieg, entschloß sich Aimé, aus seinem Hobby ein Geschäft zu machen – so wurde der Salon geboren. Aimé begann, Trauben von anderen Winzern in Le Mesnil zu kaufen, verwendete aber nur die ersten Pressungen der gesündesten Früchte für seine Champagner – und das auch nur in außergewöhnlichen Jahren. Die Trauben, die er nicht für geeignet hielt, wurden an andere Händler weitergegeben.

Salon erlebte den Höhepunkt seines Ruhms Ende der zwanziger und in den dreißiger Jahren, als die Marke zum Hauschampagner im »Maxim« wurde.

Salon Cuvée »S« 1982: ein außergewöhnlich reicher Jahrgang

Heute genießt er nur noch unter Kennern – vor allem in Frankreich, den USA und in Großbritannien – hohes Ansehen. Diese wissen ihn deshalb zu schätzen, weil die perfektionistischen Herstellungsprinzipien des Gründers noch immer peinlichst genau befolgt werden, insbesondere vom neuen Besitzer Laurent-Perrier, der die Firma 1989 übernahm.

Das Unternehmen verfügt über einen Hektar Rebfläche in Le Mesnil, die etwa ein Fünftel des Bedarfs abdeckt; der größte Teil der Trauben wird von Winzern eingekauft, die *grand-cru*-Mesnil-Lagen im Dorf besitzen. Die Champagnerherstellung erfolgt mit ausgesprochen traditionellen Methoden und ohne malolaktische Gärung. Der Wein wird in Holzfässern (*demi-muids*) vergoren. Und um das Aroma des Weins zu bewahren, bedient man sich hier noch des *dégorgement à la volée*. Der Stil des Hauses ist reich, intensiv fruchtig und mit einer (wie manche meinen) Walnußnote sowie einer starken, lebensspendenden Säure (ein Charakteristikum aller Mesnil-Champagner). Sämtliche Jahrgangsweine von Salon müssen mindestens zehn Jahre in der Flasche reifen.

Meine eigene Erfahrung mit diesen Weinen ist auf einen Besuch dieses Hauses im Januar 1994 beschränkt. Doch ich hatte das Glück, die Jahrgänge 1983 und 1982 – jeweils mit und ohne *dosage* – verkosten zu können. Und ich

Le Mesnil-sur-Oger

50.000 Flaschen

beste Qualität,
die erhältlich ist

Geschenkkorb mit Champagnern von Salon

muß sagen, daß dank der großartigen natürlichen Reife der Trauben beide zuckerlosen Varianten köstlich schmeckten; ich kann mir gut vorstellen, daß in den kommenden Jahren *extra brut* Cuvées herausgebracht werden. Besonders gut gefiel mir der 1983er mit seinem festen, frischen Einschlag und der glockenklaren Frucht; der 1982er war insgesamt voller und wird vielleicht mehr Anhänger haben, obwohl ich selbst ihn fast als überreif empfand und er mir ein wenig nach Wild schmeckte (in der Version mit *dosage*). Seit 1911 werden bei Salon drei- oder viermal pro Jahrzehnt Champagner zu Jahrgangsweinen erklärt. Die »großen« davon waren, so die Kritiker, der toastige, vollkommen ausgewogene 1979er; der feingesponnene 1973er; der tiefe 1971er Cuvée »S«; der aromatisch-delikate 1969er; der ebenso feine 1955er; und der alles überragende 1949er. Von den Vorkriegsjahrgängen ist der 1928er – von dem einige Flaschen im Keller lagern – geradezu legendär.

Bertrand de Fleurian,
Direktor von Salon

SORTEN
PRESTIGE
CUVÉE »S« (1982)

◀ *Salon Cuvée »S« 1982*

Jacques Selosse

Anselme Selosse, der dem kleinen, sechs Hektar umfassenden Familiengut in Avize und Cramant vorsteht, ist einer der interessantesten Winzer der Champagne.

Der Seriosität ausstrahlende, gerade Vierzig gewordene Anselme Selosse erhielt seine Ausbildung am Lycée Viticole in Beaune. Er hat dafür gesorgt, daß in der auf Massenproduktion ausgerichteten, industriellen Champagnerproduktion die klassische Handarbeit, wie man sie von der Herstellung des weißen Burgunders kennt, Einzug gehalten hat. So werden bei Jacques Selosse die Trauben mit der Hand gepflückt, und die erste Gärung findet immer in *barriques* (Eichenfässern) statt. Die Weine bleiben vier bis sechs Monate lang auf dem Sediment und werden einmal wöchentlich mit einem Stab à la *Meursault* aufgerührt, um dem endgültigen Geschmack mehr Charakter zu verleihen; und die Champagner reifen bis zu acht Jahren in der Flasche, bevor sie degorgiert werden – per Hand natürlich. Eine von Anselms Neuerungen besteht in der Einführung des sogenannten *solera*-Systems für die Reserveweine: Ein Drittel hiervon wird abgezogen – es wird für die jahrgangslose Cuvée verwendet – und durch Wein aus der aktuellen Ernte ersetzt, so daß ein Reservewein von größerer Komplexität entsteht. Das Ergebnis sind eine unvergleichliche Weinigkeit und Ursprünglichkeit, die das Geschmacksspektrum des Champagners beträchtlich erweitern.

Alle Champagner von Selosse werden ausschließlich aus Chardonnay-Trauben hergestellt, sind betont trocken und von den mineral- und kreidehaltigen Böden in Avize geprägt. Zu den Spitzenchampagnern zählen sie aber aufgrund ihres an Meursault erinnernden fetten Geschmacks, der immer schön ausgewogen ist und nie die Finesse überlagert. Um den Stil des Hauses kennenzu-

Cuvée d'Origine 1987

Blanc de Blancs

kennenzulernen, eignet sich der *Tradition Blanc de Blancs* besonders gut; er hat in gleichem Maße Finesse und Fülle und gerade die richtige *dosage*, um seine klare Trockenheit zum Ausdruck zu bringen. Der *Extra Brut Blanc de Blancs* ist etwas für Anhänger superknochentrockener, zuckerloser Champagner: ein wirklich eindrucksvoller Wein von ungeheurer Komplexität, doch seine Strenge ist nicht jedermanns Sache, und er könnte eine Lagerung bis 1995 gut vertragen. Selosse produziert auch einen im Holzfaß vergorenen *Rosé*, der sowohl tiefen Geschmack als auch Eleganz besitzt, sowie kleinste Mengen Champagner aus einzelnen Jahren: 1982, 1983 und 1985. Doch all diese Weine verblassen im Vergleich zur 1987er *Cuvée d'Origine*. Der erstmals im Januar 1994 herausgebrachte Champagner ist Anselmes erste Cuvée aus Weinen, die ausnahmslos in neuen kleinen *barriques* vergoren wurden: ein märchenhafter, rauchiger, nicht so strenger Wein mit einem kraftvollen, obstigen Fruchtgeschmack – ein wirklich einmaliges Erlebnis. Sie können ihn im Restaurant »L'Arpège« in Paris kosten.

Avize

40.000 Flaschen

beste Qualität, die erhältlich ist

SORTEN

OHNE JAHRGANG

Tradition Brut Blanc de Blancs

Extra Brut Blanc de Blancs

ROSÉ

Rosé

PRESTIGE

Cuvée d'Origine (1987)

◀ *Grand Cru Blanc de Blancs Brut*

TAITTINGER

Der Name Taittinger findet sich noch nicht sehr lange unter den berühmtesten grandes marques. *Gleichwohl kann das Unternehmen seine Ursprünge bis zum Jahre 1743 zurückverfolgen, als Jacques Fourneaux in das Champagnergeschäft einstieg.*

Während des Ersten Weltkriegs bezog der französische Offizier Pierre Taittinger Quartier im historischen Château de la Marquetterie, dem bevorzugten Aufenthaltsort von Voltaire und Beaumarchais bei Epernay. Nach dem Waffenstillstand kaufte Pierre das Schloß und die dazugehörigen Weinberge, und in den dreißiger Jahren erwarb er das stillgelegte Unternehmen Fourneux, dem er schließlich den Namen Taittinger gab.

Nach 1945 wurde Taittinger zu einem der bedeutendsten neuen Namen in der Champagnerindustrie – dank Pierres beiden tatkräftigen Söhnen François, der 1960 bei einem Unfall ums Leben kam, und Claude, dem gegenwärtigen Chef. 1955 erwarb Taittinger das Champagnerhaus Irroy; 1973 Bouvet Ladubay, den Hersteller von Loire-Schaumweinen; 1975 die Hotelkette Concorde und schließlich – vor kurzem – Domaine Carneros im kalifornischen Napa Valley. Das Unternehmen besitzt auch Anteile an Baufirmen und Druckereien.

In den Jahren der Expansion hat Taittinger zahlreiche Weinberge erworben, so daß sich seine Besitzungen gegenwärtig auf 260 Hektar in den besten Lagen auf der Montagne de Reims und an der Côte des Blancs belaufen. Diese decken die Hälfte seines Bedarfs. Obwohl Taittinger sich hütet, die exakte Zusammensetzung seiner Cuvées preiszugeben, kann man sagen, daß der Stil der Champagner stark von Chardonnay geprägt und das Bukett eindeutig blumig ist.

Präsentation von Taittingers Comtes de Champagne

Prestige Cuvée Comtes de Champagne Rosé 1986

Cuvée Prestige Rosé

Vintage Brut 1988

Reims

3,8 Mio. Flaschen

★★ hervorragende Qualität

Lachs mit Sauerampfersauce

◄ Taittinger Comtes de Champagne 1986

SORTEN

OHNE JAHRGANG	PRESTIGE
BRUT RÉSERVE	COMTES DE CHAMPAGNE BLANC DE BLANCS (1986)
ROSÉ	TAITTINGER COLLECTION (1986, 1985, 1978)
BRUT PRESTIGE ROSÉ	COMTES DE CHAMPAGNE ROSÉ (1986)
JAHRGANGSCHAMPAGNER	
BRUT (1988)	

Der jahrgangslose *Brut Réserve* kann meiner Erfahrung nach verwirrend unterschiedlich ausfallen: Manchmal hat er einen unklaren seifigen Geschmack; dann wieder kann er köstlich sein mit einem aufsteigenden blumigen Aroma und einem üppigen, schön ausgeprägten Geschmack. Als ich ihn zuletzt im Januar 1994 verkostete, schien er eine ziemlich hohe *dosage* zu haben, die vielleicht dem Massenpublikum entgegenkommt, echte Champagnerliebhaber aber weniger begeistern wird. Keine derartigen Vorbehalte habe ich hingegen beim *Brut Prestige Rosé*, einem Wein von feiner Lachsfarbe und echter, von Chardonnay geprägter Finesse. Hier wirkt sich die beachtliche *dosage* eher positiv aus.

Der 1988er Jahrgangschampagner *Brut* ist ein weiterer Wein, der fast als nichttrocken zu bezeichnen ist; er zeigt einen schönen Hauch von Reife und Komplexität. Der 1986er *Comtes de Champagne Blanc de Blancs*, Spitzenreiter des Sortiments, gehört zu den besten Chardonnay-Champagnern, die auf dem Markt sind; ein Wein mit breitem Bukett und seidiger Struktur, der mit dem Alter einen nahezu burgunderartigen nußartigen Geschmack entfalten wird: ein wunderbares Getränk zu Fischgerichten wie Lachs mit Sauerampfersauce.

Die Champagner aus der »Taittinger Collection« sind nicht nur hübsch verpackte Luxusprodukte – auch die Weine selbst können erstklassig sein, vor allem der 1978er, der erste dieser Serie. Die Flasche wurde von dem ungarischen Künstler Victor Vasarely gestaltet. Bis Mitte der neunziger Jahre wird dieser Wein den prächtigen, reifen Geschmack eines alten Pinot Noir entfalten. Die 1985er Ausgabe der Collection wurde von dem Amerikaner Roy Lichtenstein und die 1986er von Hans Hartung entworfen.

Alain Thiénot

Alain Thiénot ist ein Mann der Tat. Auf seine eigene, ruhige Art und Weise gehört er zu den interessantesten Persönlichkeiten in der französischen Welt des Weins.

Der ehemalige Champagnerbörsenmakler Alain Thiénot besitzt heute seine eigene Versandzentrale in Reims und zwei schöne Güter bei Bordeaux, das Château Rahoul im Graves und das Château Ricaud im Haut-Loupiac, wo er einen wohlschmeckenden süßen Wein herstellt. Die Champagner von Thiénot sind – wie Thiénot selbst – natürlich, voller Leben und von bemerkenswerter Charakterstärke. Das Unternehmen besitzt 14 Hektar Rebfläche, die zwar nur etwa ein Fünftel des Bedarfs decken, jedoch vorwiegend zu *grand-cru*-Lagen wie Le Mesnil-sur-Oger und Ay gehören.

Der jahrgangslose *Brut* ist aus allen drei Champagnerweinen zusammen-

SORTEN

OHNE JAHRGANG	JAHRGANGSCHAMPAGNER
Brut	Brut (1986)
ROSÉ	**PRESTIGE**
Vintage Rosé (1986)	Grande Cuvée (1985)

Le Mesnil-sur-Oger an der Côte des Blancs

gesetzt und präsentiert sich mit guter, klarer Frucht, frisch und spritzig, wobei die Perlage nicht zu aggressiv ist. Der Jahrgangschampagner 1986 ist schön entwickelt und besitzt einen nussigen Geschmack. Die 1985er *Grande Cuvée* ist ein echter Drei-Sterne-Champagner. 20 Prozent des Weins sind in Holzfässern vergoren, so daß er echte Struktur und Komplexität zeigt und doch geschmeidig ist. Er trinkt sich wunderbar und darf als Hommage an die Kunst des Verschneidens verstanden werden; interessanterweise besteht diese *Grande Cuvée* zu 10 Prozent aus Pinot Meunier. Auf die Thiénot-Rosés bin ich weniger erpicht, während ich die stillen Rotweine aus Ay empfehlen kann.

Brut o. J.

Grande Cuvée

Reims

550.000 Flaschen

★★ hervorragende Qualität

Grande Cuvée 1985: eine schön ausgewogene Prestigecuvée aus einem großen Jahr ▶

Union Champagne

Die Union Champagne hat ihren Sitz in Avize an der Côte des Blancs. Sie überragt alle anderen Genossenschaften der Champagne und steht in dem Ruf, Weine von hervorragender Qualität zu liefern.

Die Union Champagne gehört zu den verhältnismäßig wenigen Winzergenossenschaften, die ihre Weine auch exportieren. Sie bezieht Trauben von elf Zweiggenossenschaften, deren Mitglieder vor allem an der Côte des Blancs, in kleinerem Umfang aber auch auf der Montagne de Reims anbauen. Bemerkenswert ist, daß sämtliche Weinberge dieser Winzer mit dem Prädikat *premier cru* oder *grand cru* ausgezeichnet sind. Außerdem werden nur Pinot-Noir- und Chardonnay-Reben angebaut. Auf die ertragreichere, aber weniger feine Pinot Meunier verzichtet die Union gänzlich.

Die Weinkellerei in Avize, wahrscheinlich die modernste der ganzen Champagne, hat eine spezielle Technik zur Vermeidung der malolaktischen Gärung entwickelt, um Langlebigkeit und Vitalität der Champagner zu gewährleisten.

Die Union ist in mehreren Bereichen der Weinindustrie sehr erfolgreich. Etwa 60 Prozent ihrer Jahresproduktion gehen in Form von stillen Weinen (*vins clairs*) an die *grandes marques*. Diese sind Bestandteil von Prestigecuvées wie

Pierre Vaudon: ein auf Pinot Noir basierender Brut (Union Champagne)

dem *Comtes de Champagne* von Taittinger, dem *Grand Siècle* von Laurent-Perrier und dem *Dom Pérignon* von Moët & Chandon.

Die Union exportiert aber auch etwa 40 Prozent ihrer Produktion als fertigen Champagner, wobei der beste der *St Gall* ist. Diese Cuvée setzt sich aus 55 Prozent Pinot Noir und 45 Prozent Chardonnay zusammen, hat eine frische grüngelbe Farbe, eine lebendige, kleinperlige *mousse* und einen lebhaften, entschieden trockenen Geschmack.

Die beste jahrgangslose Cuvée der Union ist vermutlich der *Pierre Vaudon* dank seines hohen Anteils an Pinot Noir (70 Prozent) – weich, füllig, rund, fein und zudem ungeheuer preisgünstig. Der 1983er Jahrgangschampagner *Orpale Blanc de Blancs* (100 Prozent Chardonnay) ist ein herrlicher Wein mit einer Fülle, die an weißen Burgunder erinnert; aus einem kürzlich in Paris durchgeführten Blindtest von Prestigechampagnern ging er als Sieger hervor.

SORTEN

OHNE JAHRGANG

PIERRE VAUDON
ST GALL

PRESTIGE

ORPALE BLANC DE BLANCS (1983)

- Avize
- 2 Mio. Flaschen
- ★★ hervorragende Qualität

Pierre Vaudon (Union Champagne) ▶

VILMART

Tom Stevenson bezeichnete Vilmart als den großartigsten ihm bekannten Champagnerproduzenten. Nachdem ich diesen auf Perfektion bedachten Hersteller besucht habe, kann ich ihm nur zustimmen.

Das Haus wurde 1890 gegründet und steht heute unter der Leitung von René Champs und seinem Sohn Laurent. Sie besitzen elf Hektar Pinot Noir und Chardonnay der Klasse *premier cru*, die sie mit unendlicher Sorgfalt und Mühe bewirtschaften, und verwenden keinerlei chemische Pestizide; selbst das Gras zwischen den Reben wird mit einer Hacke entfernt. »Daß wir den natürlichen Bedingungen in unseren Weinbergen Respekt zollen, fördert den außergewöhnlichen Geschmack unserer Weine«, meinen die Champs. Alle Weine werden in Eichenfässern – zum überwiegenden Teil in großen *foudres* – vergoren. Und die meisten Champagner reifen sehr lange in der Flasche, bevor sie degorgiert werden. Das Ergebnis ist ein prächtiges Sortiment bemerkenswerter Champagner mit einer Fülle, die an Krug-Weine erinnert und die immer in einem ausgewogenen Verhältnis zu ihrer vorbildlichen Säure steht. Um ein Bild von der Persönlichkeit René Champs' zu vermitteln, sei erwähnt, daß sein Hobby die Herstellung von Buntglasfenstern ist. Er benötigt 200 Stunden, um ein einziges Fenster zu schaffen.

Der *Grande Réserve* ist ein für das Haus verhältnismäßig junger Wein. Er besteht zu 70 Prozent aus Pinot Noir und zu 30 Prozent aus Chardonnay, wobei

Keller des Weinmuseums von Vilmart

etwa ein Fünftel des Mosts aus *première-taille*-Pressungen kommt, da »dies den Wein rund macht und ihm Körperfülle verleiht«; dann reift er zehn Monate lang in *foudres* und anschließend noch mindestens zwei Jahre in der Flasche – ein köstlich fruchtiger Champagner, der den Mythos, *alle* guten Champagner würden aus der Cuvée (der allerersten Pressung) gemacht, Lügen straft. Der *Grand Cellier* hat jedoch mehr Reife, Finesse und Klasse. Mit seinem schönen Nußbukett und seiner cremigen Fülle wird er noch mehr Komplexität entwickeln, wenn er bis 1995 in einem kühlen Keller aufbewahrt wird. Der Spitzenreiter *Grand Cellier d'Or* ist zwar teuer, doch seinen Preis wert und kann mit Prestigecuvées der größten Häuser mithalten. Das wunderbar abgerundete Aroma hat einen Hauch von Gewürzbrot, und seine honigartige Fülle im Mund ist wunderbar.

Laurent und René Champs von Vilmart

Rilly-la-Montagne
80.000 Flaschen
beste Qualität, die erhältlich ist

Coeur de Cuvée 1989: eine Spitzencuvée aus den besten ersten Pressungen ▶

Das neueste Produkt von Vilmart ist sein *Coeur-de-Cuvée*-Champagner; wie der Name bereits nahelegt, besteht der Wein aus dem besten Teil, dem »Herz« der Cuvée. Der 1989er ist von außergewöhnlicher Komplexität und Weinigkeit; der im *barrique* vergorene 1991er, den ich zuletzt im Januar 1994 probiert habe, läßt einen stark hervortretenden holzartigen Geschmack erkennen, und ich würde ihn gern noch einmal verkosten, bevor ich ein Urteil über seine zukünftige Entwicklung abgebe. Das Haus produziert auch gute Roséchampagner, wobei der *Grand Cellier* mehr Klasse hat als die *Cuvée Rubis*.

Wie es für kleinere Winzer-Produzenten (*récoltant-manipulant*) typisch ist, konzentriert sich auch Vilmart hauptsächlich auf den heimischen Markt. Während der Rezession der neunziger Jahre hatte er daher auch weniger unter sinkenden Verkaufszahlen zu leiden als viele seiner Kollegen.

Kellerfenster mit Bleiverglasung bei Vilmart

SORTEN

OHNE JAHRGANG

Grande Réserve
Grand Cellier

ROSÉ

Rubis Brut
Grand Cellier Rubis

PRESTIGE

Grand Cellier d'Or
Coeur de Cuvée
(1989, 1991)

Vilmart Grand Cellier

Grand Cellier D'Or

Grande Réserve

VERZEICHNIS DER WENIGER BEKANNTEN *Champagner*-HERSTELLER

Besserat de Bellefon

Bis 1959 war Besserat de Bellefon ein Familienbetrieb, der vor allem für seine *crémant* (fein schäumenden) Champagner bekannt war. Seitdem wechselte das Unternehmen mehrmals den Besitzer (gegenwärtig gehört es Marne et Champagne), und die Verkäufe schnellten auf über zwei Millionen Flaschen empor. Der Stil des Hauses sind leichte, frische Weine ohne jede Spur von Oxidation, obwohl man lange nach den besten Flaschen suchen muß. Der Standard-*Brut* ist dürftig und hat keine Fülle, man sollte ihn meiden. Der von Chardonnay beherrschte *Crémant Blanc Brut* mit seiner zarten Perlage und einem cremigen Geschmack eignet sich gut als Aperitif. Die *Cuvée des Moines Rosé* zeigt dank ihres beträchtlichen Chardonnay-Anteils großartige Finesse. Der beste Champagner des Sortiments ist ohne Zweifel der Prestigewein *Grande Cuvée B de B*, ein Verschnitt aus mehreren Jahren, der große Körperfülle besitzt, aber dennoch dem Stil des Hauses entsprechend frisch und sauber schmeckt.

- Epernay
- 2,2 Mio. Flaschen
- ★ gute Qualität

Binet

Binet, im 19. Jahrhundert selbst ein wichtiges Haus, ist heute das Spitzenprodukt von Champagne Germain in Rilly-la-Montagne. Die Champagner werden zumeist an spezialisierte Weinhändler, weniger an Supermärkte verkauft. Gut ist der von Pinot Noir beherrschte *Rosé*.

- Rilly-la-Montagne
- 500.000 Flaschen
- ★ gute Qualität

Bonaparte

Die zu Napoléon gehörige Marke wurde zur Jahrhundertwende in Rußland vertrieben; die Familie Prieur leitet nach wie vor das Unternehmen. Qualitätsorientierte Weinherstellung mit traditionellen Methoden. Der *Special Réserve Brut* ist zu empfehlen.

- Vertus
- 160.000 Flaschen
- ★ gute Qualität

Bonnet

Das Haus Ferdinand Bonnet, das heute zu Charles Heidsieck (einem Unternehmen des Konzerns Rémy-Cointreau) gehört, wurde in den zwanziger Jahres dieses Jahrhunderts gegründet und bis 1988 von der Familie geführt. Es besitzt zehn Hektar hervorragender Rebflächen an der Côte des Blancs in Avize, Oger und Vertus. Das Haus stellt von Chardonnay beherrschte Weine her, darunter die stilvolle Jahrgangsauslese *Blanc de Blancs.*

Oger
150.000 Flaschen
★ gute Qualität

Bouche

Das kleine, unabhängige Haus in der Nähe von Epernay besitzt 30 Hektar Rebflächen, die über zehn *crus* verteilt sind. Das Unternehmen produziert gute, im Geschmack üppige Weine, natürlich trockene, jahrgangslose Champagner sowie eine *Cuvée Saphir* mit vollem Vanillegeschmack, die aus *grand-cru*-Trauben hergestellt wird (60% Pinot Noir, 40% Chardonnay).

Pierry
250.000 Flaschen
★ gute Qualität

Boucheron

Boucheron, die Zweitmarke von Gardet, ist ein an der Tradition orientierter Hersteller, der sich auf Champagner mit langer Flaschenreifung spezialisiert hat. Er produziert einen Champagner in großartig weinigem, von Pinot Noir geprägtem Stil. Die erstklassigen Trauben stammen vorwiegend von der Montagne de Reims. Der jahrgangslose *Brut* gewann beim Internationalen Weinwettbewerb 1993 eine Goldmedaille. Das Haus stellt einen hervorragenden 1983er Jahrgangswein her.

Chigny-les-Roses
600.000 Flaschen
★★ hervorragende Qualität

Cattier

Die Familie Cattier, seit Mitte des 18. Jahrhunderts *vignerons,* gründete dieses kleine Champagnerhaus im Jahre 1920. Die 18 Hektar umfassenden Rebflächen um Chigny-les-Roses liefern den Großteil der Trauben für die durchweg ordentlichen Champagner, die vor dem Verkauf eine angemessene Zeit in der Flasche reifen. Der *Premier Cru,* der zu drei Vierteln aus dunklen Trauben und zu einem Viertel aus Chardonnay besteht, ist elegant und lebhaft mit einem angenehmen Hauch von Reife und weiniger Komplexität. Aus dem 2,2 Hektar großen *Clos du Moulin* geht der beste Wein hervor, ein Verschnitt aus gleichen Teilen Pinot Noir und Chardonnay, mit einem ansprechendem Duft nach frisch gebackenem Brot, einer hervorragenden Ausgewogenheit zwischen Frucht und Säure am Gaumen und einem langanhaltenden Abgang.

- Chigny-les-Roses
- 400.000 Flaschen
- ★ gute Qualität

Cocteaux

Der aus einer Winzerfamilie in Sézanne stammende Michel Cocteaux begann 1964, eigene Weinberge in Montgenost zu bewirtschaften. Heute besitzt er neun Hektar, hauptsächlich Chardonnay. Die Champagner von Cocteaux sind sehr delikat und langanhaltend im Geschmack. Erfolgreich ist die *Cuvée Trentenaire* 1987.

- Montgenost
- 55.000 Flaschen
- ★ gute Qualität

De La Haye

Die Champagner mit dem Etikett De La Haye stammen von einem anonymen Winzer-Hersteller in Epernay und tragen Namen wie »Hochzeitscuvée«. Im großen und ganzen nur mäßige Qualität mit Ausnahme des jahrgangslosen *Robert de la Haye Brut*: ein sehr guter Champagner, der aus *premier-cru*-Trauben gemacht wird.

- Epernay
- 300.000 Flaschen
- ★ annehmbare Qualität

De Meric

Ein eher kleiner Händler/Winzer. Das Haus wurde 1960 von Christian Besserat gegründet und besitzt 15 Hektar Rebflächen in Ay. Der *Sélection Brut* (vorwiegend Pinot Noir) ist ein feiner, jahrgangsloser Champagner, natürlich, trocken und mit schönem Ausdruck von Frucht.

Ay
450.000 Flaschen
★ gute Qualität

Paul de Richebourge

Nein, dieser Wein mit dem kunstvollen Namen ist kein Burgunder. Vielmehr handelt es sich um das zweite Champagneretikett der hervorragenden Union Auboise in Bar-sur-Seine. Der jahrgangslose *Brut* ist ausgezeichnet und hat drei bis vier Jahre Flaschenreifung.

Bar-sur-Seine
1,8 Mio. Flaschen
★ gute Qualität

Louis de Sacy

Die Familie de Sacy, seit dem 17. Jahrhundert *vignerons* in der Champagne, erhielt in den sechziger Jahren dieses Jahrhunderts den Status eines *négociant*. Sie besitzt 30 Hektar Rebflächen, die vorwiegend mit Pinot Noir bepflanzt sind – daher ist der Stil des Hauses von dunklen Trauben geprägt.

Verzy
300.000 Flaschen
★ gute Qualität

Delot

Ein kleinerer Winzer in der Aube, der vorwiegend Pinot-Noir-Trauben anbaut. Striktes Festhalten an traditionellen Methoden führt zu vollen, reichhaltigen Champagnern, die ihren Preis wert sind. Der *Grande Réserve Brut* ist gut abgerundet und köstlich.

Celles-sur-Ources
40.000 Flaschen
★ gute Qualität

Duval Leroy

Dieser 1859 gegründete dynamische *négociant* spielt beim Geschäft mit »Handelsmarken« eine große Rolle, besonders in Großbritannien. Der unter eigenem Etikett laufende *Fleur de Champagne Brut*, der zu 75 Prozent aus Chardonnay besteht, ist ein stilvoller Wein mit blumigem Bukett, der bei Wettbewerben immer wieder die *grandes marques* in den Schatten stellt.

- Vertus
- 4 Mio. Flaschen
- ★ gute Qualität

Roland Fliniaux

Ein ausgesprochen traditioneller, kleiner Familienbetrieb, der gegenwärtig von Régis Fliniaux geleitet wird. Aus seinem drei Hektar großen, in Ay gelegenen Weinberg mit Pinot Noir der Klasse *grand cru* gehen Weine mit vollblütigem, unverwechselbarem Stil hervor, der alle Champagner von Fliniaux kennzeichnet. Die Champagner werden immer noch von Hand degorgiert. Ein verwegener *Carte Noire Brut* und ein köstlicher *Rosé* mit dem Aroma wilder Erdbeeren.

- Ay
- 74.000 Flaschen
- ★★ hervorragende Qualität

Weinberge in der Aube

Gauthier

Gauthier gehört zu den besseren Marken des anonymen Champagnerherstellers Marne et Champagne. Der *Grande Réserve Brut* lohnt sich. Er setzt sich aus allen drei Champagneweinen zusammen, wobei der Chardonnay leicht in den Vordergrund tritt und den rassigen, zitronigen Geschmack des gut ausgewogenen, doch lebhaften Weins bestimmt.

Epernay
200.000 Flaschen
★ gute Qualität

René Geoffroy

Ein Winzer/Hersteller mit *premier-cru*-Rebflächen im Vallée de la Marne, der sich sehr traditioneller Methoden bedient. So findet die Gärung teilweise in Holzfässern statt, und die Jahrgangschampagner werden spät degorgiert. Eine gute *Cuvée Sélectionnée Brut* (sechs bis sieben Jahre Flaschenreife) und ein exzellenter *Cumières Rouge.*

Cumières
110.000 Flaschen
★★ hervorragende Qualität

Henri Germain

Das 1895 von Henri-Antoine Germain gegründete Unternehmen gehört heute zum Frey-Konzern; die Champagner werden unter dem Etikett Germain oder Binet verkauft. Germain besitzt 40 Hektar Rebflächen, die 40 Prozent seines Bedarfs decken. Zu empfehlen: der lebhafte, langlebige *Blanc de Blancs* 1988 und der *Rosé Brut,* der voller Frucht ist.

Rilly-la-Montagne
1,2 Mio. Flaschen
★ gute Qualität

Pierre Gimonnet

Die Gimonnets, seit dem 18. Jahrhundert Winzer in Cuis, besitzen heute 25 Hektar ausgewählter Chardonnay-Lagen an der Côte des Blancs. Das Kennzeichen dieses Sortiments von *Blanc de Blancs* ist Finesse. Insbesondere der anregende, lebhafte *Maxi-Brut* (ohne *dosage*) und die kürzlich herausgebrachte 1989er *Cuvée Gastronome* sind Weine, die man sich merken sollte. Alle Weine von Gimonnet eignen sich hervorragend zum Essen.

Cuis
140.000 Flaschen
★★ hervorragende Qualität

Henri Goutorbe

Die Goutorbes besitzen 20 Hektar Rebflächen in Ay. Sie stellen Champagner im von Pinot beherrschten Stil her, züchten aber auch Wein. Die *Cuvée Traditionelle* ist ein zuverlässiger, gut ausgewogener Wein, der durch einen geringen Chardonnay-Anteil »gehoben« wird. Der *Rosé* besitzt die Fruchtigkeit von dunklen Trauben, und der *Spécial Club 1986* hat Wucht und wunderbare Säure. Goutorbe bietet auch kleine Mengen alter Jahrgänge mit dem Etikett *Millésimé Rare* an.

Ay
120.000 Flaschen
★★ hervorragende Qualität

Gremillet

J. M. Gremillet ist ein Beispiel für die besseren Hersteller aus der Aube, die hervorragende Champagner aus wenig ertragreichen Pinot-Noir- und Chardonnay-Reben produzieren. Er besitzt zwölf Hektar Rebfläche und bietet einen *Brut Réserve* mit vier Jahren Flaschenreife an, einen hervorragenden Pinot-Noir-*Rosé* und einen erstklassigen *Blanc de Blancs* mit Jahrgang.

Balnot-sur-Laignes
100.000 Flaschen
★★ hervorragende Qualität

Jeanmaire

Das Unternehmen Jeanmaire, das der Familie Trouillard gehört, produziert in denselben modernen Räumlichkeiten wie Oudinot und stellt technisch fehlerfreie Champagner in leichtem, blumigem Stil her. Der jahrgangslose *Brut* ist ein sauber schmeckender Wein mit ordentlicher Flaschenreife. Jeanmaire besitzt 80 Hektar Rebfläche.

- Epernay
- 1 Mio. Flaschen
- ★ gute Qualität

Winzer (Kalksteinrelief)

Lang Biémont

Das 1875 gegründete Unternehmen produziert pro Jahr eine halbe Million Flaschen Champagner in einem leichten, von Chardonnay geprägten Stil. Lang Biémont besitzt 50 Hektar Rebfläche. Die ausschließlich aus Chardonnay bestehende *Cuvée d'Exception* ist zu empfehlen.

- Oiry
- 500.000 Flaschen
- ★ gute Qualität

Laurent

Ein kleiner Winzer aus der Aube, der einen sehr preiswerten, von Pinot Noir geprägten jahrgangslosen *Brut* und interessante ältere Weine wie den *1981 Blanc de Noirs* produziert.

- Celles-sur-Ources
- 55.000 Flaschen
- ★ gute Qualität

Laurenti

Laurenti und seine Söhne Dominique und Bruno bewirtschaften einen 14 Hektar großen Weinberg in Les Riceys, der zu 90 Prozent mit Pinot Noir und zu 10 Prozent mit Chardonnay bepflanzt ist. Die *Brut Grande Cuvée* und ihr rosafarbenes Pendant sind voller Geschmack nach roter Frucht.

- Les Riceys
- 100.000 Flaschen
- ★ gute Qualität

Albert Le Brun

Der 1860 in Avize gegründete Familienbetrieb stellt traditionelle, große und reichhaltige Weine her, die sehr preiswert sind. Der *Blanc de Blancs Brut* ist ein reifer, rauchiger Wein aus den firmeneigenen Weinbergen in Avize.

- Châlons-sur-Marne
- 350.000 Flaschen
- ★ gute Qualität

Le Brun de Neuville

Eine kleine Winzergenossenschaft auf der Côteaux Sézannais, die gerade ihren eigenen Vertrieb aufbaut. Fast ausschließlich Chardonnay-Trauben. Die Genossenschaft produziert volle, fruchtige Weine. Der jahrgangslose *Blanc de Blancs* ist preiswert.

- Bethon
- 500.000 Flaschen
- ★ gute Qualität

Leclerc-Briant

Das Familienunternehmen mit den gepflegten Weinbergen wird von Pascal Leclerc-Briant geleitet. Bei *Les Authentiques Collection* handelt es sich um Weine, die aus kleinen Parzellen in besonderen Lagen hervorgehen.

- Epernay
- 300.000 Flaschen
- ★ gute Qualität

Lenoble

Das 1920 gegründete Unternehmen besitzt 18 Hektar Chardonnay. Die *Cuvée Réserve* besteht – was ungewöhnlich ist – zu 60 Prozent aus Chardonnay und zu 40 Prozent aus Pinot Meunier; ein großer, goldener Champagner, abgerundet und schon fast nicht mehr trocken.

- Damery
- 300.000 Flaschen
- ★ gute Qualität

Dorf in der Champagne

Serge Mathieu

Serge Mathieu produziert samtige, sinnliche Champagner, die bei Blindtests alle anderen Konkurrenten auf die hinteren Plätze verweisen. Die *Cuvée Sélect,* ausschließlich aus 1989er Jahrgangstrauben, ist von herrlicher Ausgewogenheit zwischen Fülle und Eleganz.

- Avirey-Lingey
- 90.000 Flaschen
- ★★ hervorragende Qualität

Melnotte

Dieser Champagner, eine Nebenmarke von Boizel, wird für den Londoner Vertrieb O. W. Loeb hergestellt. Ein preiswerter einfacher *Brut,* ein hervorragender *Rosé* und ein lebhafter, gutgemachter *1986 Brut.*

- Epernay
- 50.000 Flaschen
- ★ gute Qualität

Jules Mignon

Jules Mignon gehört zu den Hunderten von Marken, die von Marne et Champagne, dem zweitgrößten Weinaktionär in der Champagne, produziert werden. Es wird kein Geld in Werbung investiert, da hier vor allem Händler und insbesondere Supermärkte einkaufen, die Champagner in einem bestimmten Stil und zu einem Preis suchen, den sie sich leisten können. Diesen Champagner versehen sie dann mit einem Etikett ihrer Wahl. Marne et Champagne beherrscht diesen Zweig der Champagnerherstellung völlig. Die Qualität variiert von grünen, unreifen Champagnern bis hin zu wirklich guten Angeboten. Als ich den britischen Agenten bat, mir eine Auswahl *Rothschild* zu schicken, einen Champagner, den ich schon immer mochte, seit ich 1968 eine Ausbildung bei Marne et Champagne absolviert habe, bekam ich zwei Weine mit dem Prestigeetikett *Alfred Rothschild.* Sowohl der *Jules Mignon Brut* als auch der *Jules Mignon Rosé* schmeckten grün und unreif und sind nicht zu empfehlen.

Epernay
10 Mio. Flaschen
★ mittlere Qualität

Pierre Moncuit

Die glücklichen Yves und Nicole Moncuit besitzen 20 Hektar in Le Mesnil-sur-Oger, dem »Corton-Charlemagne« der Côte des Blancs, und großes Talent. Ein Sortiment äußerst prägnanter *Blanc de Blancs* von großer Klasse.

Le Mesnil-sur-Oger
120.000 Flaschen
★★ hervorragende Qualität

Montaudon

Das seit 1891 bestehende Unternehmen wird von Luc Montaudon, dem Urenkel des Gründers, geführt. Der gute *Grande Réserve Rosé,* der noch einige Jahre vertragen kann, sowie der *Côteaux Champenois Rouge* stammen von den 20 Hektar Pinot Noir des Unternehmens.

Reims
700.000 Flaschen
★ gute Qualität

Montebello

Das Unternehmen wurde 1834 vom Duc de Montebello, dem Sohn des unter Napoléon dienenden Generalmarschalls Lannes, im imposanten Château de Mareuil-sur-Ay gegründet. Es gehört zu Ayala und steht ganz in dessen Schatten. Champagner nicht verkostet. Seit 1994 kein Status mehr als *grande marque.*

Mareuil-sur-Ay
250.000 Flaschen
keine Bewertung

Michel Noirot

Michel Noirot stellt ausgezeichnete, rein schmeckende – möglichst organische – Champagner vorwiegend aus dunklen Trauben her. Die *Cuvée du Clos St Roch* ist erstklassig, stilvoll und von langanhaltendem Geschmack am Gaumen, hat fünf bis sechs Jahre Flaschenreife und besteht vorwiegend aus Chardonnay.

Les Riceys
150.000 Flaschen
★★ hervorragende Qualität

Oudinot

Seit 1981 befindet sich Oudinot im Besitz der Familie Trouillard und produziert gemeinsam mit Jeanmaire in einer hochmodernen Kellerei. Das Sortiment ist breit gestreut und soll für jeden Geschmack etwas bieten. Oudinot besitzt bedeutende Rebflächen in bekannten Weindörfern, darunter fünf in Avize, Cramant und Chouilly. Allgemein ansprechende, von Pinot Noir beherrschte Weine, zum Beispiel der *Blanc de Noirs.*

Epernay
1,5 Mio. Flaschen
★ gute Qualität

Marie Stuart

Das Unternehmen hat seinen Sitz in einem eindrucksvollen Gebäude am Place de la République in Reims. Es stellt einfache Champagner her, von denen viele unter Käuferetikett auf den Markt kommen. Ein ordentlicher 1986er Jahrgangschampagner.

- Reims
- 1,7 Mio. Flaschen
- ★ annehmbare Qualität

Marcel Vézien

Vézien, der Bürgermeister von Celles-sur-Ource (Aube), stellt volle, üppige, nach Obst duftende Champagner her. Der Pinot-Noir-Anteil der Cuvées beträgt bis zu 80 Prozent. Die sensationelle *Cuvée Double Eagle II*, ein sinnlicher, vollmundiger Pinot, wurde nach amerikanischen Ballonfahrern benannt, die ihre sichere Landung auf französischem Boden mit einer Flasche dieses nektargleichen Getränks feierten.

- Celles-sur-Ource
- 150.000 Flaschen
- ★★ hervorragende Qualität

Vranken-Lafitte

Die 1976 von Paul-François Vranken, einem geschäftstüchtigen belgischen Unternehmer, gegründete Firma ist heute ein großes Champagnerhaus mit zahlreichen verschiedenen Etiketten. Die am meisten verbreitete Marke heißt »Demoiselle«, doch die besten Weine erscheinen unter dem Namen »Charles Lafitte« (ein sehr guter 1986er *Rosé*). Das Unternehmen erwarb kürzlich das Champagnerhaus Barancourt in Bouzy.

- Epernay
- 3 Mio. Flaschen
- ★ gute Qualität

assemblage Das Verschneiden von Weinen.

Autolyse Biochemischer Prozeß während der *prise de mousse,* bei dem die Hefezellen zerstört werden. Der Geschmack wird dadurch lebendiger und komplexer.

barrique Kleines Eichenfaß mit einem Fassungsvermögen von 225 Litern.

cave Keller – in der Champagne meist unter der Erde.

chef de caves Kellermeister. Er ist für die Produktion des Champagners in der Kellerei verantwortlich. Meist ein ausgebildeter Önologe (Weiningenieur), der den Verschnitt durchführt.

CM Ein Champagner, der von einer Winzergenossenschaft hergestellt wurde. Siehe auch **cooperative-manipulante**

cooperative-manipulante (CM) Eine Genossenschaft, die Wein herstellt und vermarktet.

Coteaux Champenois Bezeichnung (kontrollierte Ursprungsbezeichnung) für stille Weiß- und Rotweine sowie für Rosés, die in der Champagne produziert werden. Bis 1973 galt die Bezeichnung »Vin nature de Champagne«.

crayère Gallo-romanische Kalkschächte, die in Reims als Champagnerkeller benutzt werden.

Crémant In der Champagne traditionell ein zart schäumender Wein mit etwa 3,5 Atmosphären Druck. Ab August 1994 dürfen die Champagnerhäuser diesen Begriff nicht mehr auf dem Hauptetikett verwenden.

cru Wein – in der Regel von hoher Qualität – aus einer bestimmten Gemeinde oder einem Dorf.

cuvée 1. die ersten 2050 Liter des ausgepreßten Traubensaftes.
2. Champagnerverschnitt.

débourbage Vor der Gärung stattfindende Trennung des ausgepreßten Traubensaftes von den festen Bestandteilen.

dégorgement Nach der zweiten Gärung stattfindende Entfernung des Sediments aus der Champagnerflasche.

dégorgement à la glace Die Flasche wird mit dem Hals nach unten durch ein Eisbad gezogen. Dann wird der Korken oder Verschluß entfernt, so daß das Sediment in Form eines Eisstückchens entweicht.

dégorgement à la volée Degorgieren per Hand, ohne daß das Sediment gefroren wird.

demi-muid Eichenfaß mit einem Fassungsvermögen von 600 Litern.

dosage Zuckerlösung, die dem Champagner in der Flasche beigefügt wird, um den Wein weicher zu machen. Wird angegeben in Prozent oder in Gramm Zucker pro Liter.

échelle des crus Klassifizierung der *crus* oder Gemeinden in der Champagne in Prozent. Sie beruht zwar auf geographischen Gegebenheiten, ist aber eigentlich ein Preisindex auf der Grundlage der Traubenqualität der einzelnen Weinberge. Die niedrigste Taxierung liegt bei 77 Prozent; *deuxièmes crus:* 80 bis 90 Prozent; *premiers crus*: 90 Prozent; *grands crus*: 100 Prozent.

foudre Großes Holzfaß, dessen Größe nicht standardisiert ist.

grand cru Champagnerdorf, das mit 100 Prozent auf der *échelle des crus* taxiert wird. (Es gibt 17.)

grande marque Führendes Champagnerhaus, das zu dem 1882 gegründeten Syndicat des Grandes Marques (»große Marken«) gehört. Das Syndikat hat gegenwärtig etwa 25 Mitglieder.

gyropalette Automatisches *remuage*-(Rüttel-)System: In eine »Palette« bzw. einen Metallcontainer passen bis zu 500 Flaschen.

liqueur de tirage Lösung auf der Basis von Zucker und Hefe, die dem Wein bei der Umfüllung in Flaschen beigefügt wird, damit er moussiert.

malolaktische Gärung Verwandlung der beißenden Apfelsäure in die mildere Milchsäure, die den Wein weicher und runder macht.

méthode champenoise
»Champagnermethode«. Die traditionelle Art der Herstellung von Champagner oder anderer Schaumweine. Der stille Wein wird durch eine zweite Gärung in der Flasche zum Moussieren gebracht. Die neuen EU-Bestimmungen schreiben vor, daß der Begriff durch *»méthode traditionelle«* ersetzt wird.

méthode rurale Die früheste bekannte Methode der Herstellung von moussierendem Wein, die Benediktinermönchen von Limoux im 16. Jahrhundert zugeschrieben wird. Unvollständig vergorener Wein wird in Flaschen umgefüllt, um ihn zum Moussieren zu bringen.

millésime Jahr der Lese

millésimé In der Champagne Wein eines einzigen Jahres, der nach drei Jahren Flaschenreife verkauft wird.

monocru Unverschnittener Champagner eines einzigen *cru* (Gemeinde oder Dorf). Die meisten Champagner von kleinen Winzern *(récoltants-manipulants)* fallen in diese Kategorie.

mousse Perlen

mousseux Ein stark schäumender Wein mit 5 bis 6 Atmosphären Druck.

négociant-manipulant (NM) Ein Händler *(négociant),* der Trauben oder Weine für den Verschnitt aus anderen Quellen zukaufen darf. Einige oder alle Weine eines Verschnitts können auch aus dem eigenen Weinberg des *négociant-manipulant* stammen. Alle berühmten Champagnerhäuser sind NMs.

NM Champagner von einem *négociant-manipulant.*

NV Non-vintage; siehe **o. J.**

o. J. Ohne Jahrgang

premier cru In der Champagne Gemeinde, deren Weinberge mit 90 bis 99 Prozent auf der *échelle des crus* taxiert werden.

prise de mousse Zweite Gärung in der Flasche, nachdem dem stillen Wein eine Zucker-Hefe-Lösung beigefügt wurde.

pupitre Holzregal für die *remuage.*

RC Von einem *récoltant-coopérateur* produzierter Champagner.

RD *récemment dégorgé* (vor kurzem degorgiert). Bei Champagnern von sehr hoher Qualität, meist aus einzelnen Jahrgängen, die lange Zeit in der Flasche gereift sind. Sie werden wenige Monate vor der Auslieferung degorgiert. Für die Bezeichnung »RD« besitzt Bollinger, der führende Hersteller dieser Champagner, das Patent.

récoltant-coopérateur (RC) Ein kleiner Winzer, der nicht die Mittel besitzt, Champagner selbst herzustellen, sondern seine Trauben von einer oder mehreren Winzergenossenschaften zu Wein verarbeiten läßt und den fertigen Champagner unter seinem eigenen Etikett verkauft. Ein mit RC bezeichneter Champagner ist eigentlich kein Winzerwein, da die Trauben häufig mit denen anderer vermischt werden.

récoltant-manipulant (RM) Ein kleiner Winzer, der Champagner aus seinen eigenen Trauben macht, jedoch fünf Prozent aus anderen Quellen zukaufen darf.

remuage Rütteln. Das vorsichtige Drehen und Kippen der Champagnerflaschen, so daß sich das bei der zweiten Gärung entstehende Sediment am Korken absetzen kann. Dieses entweicht beim *dégorgement* aus der Flasche. Siehe auch **gyropalette; pupitre.**

Reserveweine Weine aus früheren Jahrgängen, die aufbewahrt werden, um einem Champagnerverschnitt Harmonie und Ausgewogenheit zu verleihen.

RM Von einem *récoltant-manipulant* produzierter Champagner.

Sediment Das Nebenprodukt der Gärung, das im Faß zu Boden sinkt.

SR *Société de Récoltants*: Ein aus Winzern bestehendes Unternehmen mit dem Zweck der gemeinsamen Produktion.

sur lattes 1. Champagner, die waagerecht eingelagert wurden. 2. Fast fertige Champagner, die auf das *dégorgement* warten und vom Hersteller mit dem Etikett des Kunden (Handelsmarke) weiterverkauft werden.

taille: première taille Die zweiten Pressungen der Champagnertrauben (410 Liter). **deuxième taille** Die dritten Pressungen der Champagnertrauben (205 Liter). Beide Pressungen wurden in der Champagne inzwischen endgültig abgeschafft.

tête de cuvée Der beste Saft aus den ersten Pressungen der Trauben.

vendange Weinlese.

vigneron Winzer.

Register